선생님이 만든

좔좔 글읽기

·········

4권 설명글, 주장글

선생님이 만든 좔좔 글읽기 (4단계)

4권 **설명글, 주장글**

초판 1쇄 2019년 5월 15일
초판 2쇄 2022년 3월 10일

지은이 서울경인특수학급교사연구회

펴낸이 방영배
디자인 신정난
펴낸곳 다음생각

주소 경기도 고양시 일산동구 중앙로 1261번길 19 호수광장빌딩 204호
전화 031-903-9107 **팩스** 031-903-9108 **이메일** nt21@hanmail.net
출판등록 2009년 10월 6일 제 2019-000144호
인쇄·제본 (주)현문자현 **종이** 월드페이퍼
ISBN 978-89-98035-65-5(64700)

책이 나오기까지

〈서울경인특수학급교사연구회〉는 통합교육과 특수교육의 여건이 제대로 마련되지 않았던 90년대 초에 서울, 경기, 인천의 초등학교 특수학급 교사들이 모인 이래 지금까지 계속되고 있는 연구 모임입니다. 그동안 함께 모여 공부하고 올바른 교육의 방향에 대해 고민하면서 새로운 통합 프로그램 등을 만들어 보급해 왔습니다. 어떻게 하면 좋은 수업을 할 수 있을지 연구하여 여러 가지 수업 자료를 개발하기도 했습니다. 『선생님이 만든 좔좔 글읽기』도 이런 고민과 연구 과정을 거쳐 나온 책입니다.

읽기를 배우는 데 오랜 시간이 걸리는 아이들의 경우 좋은 교재와 다양한 방법으로 가르쳐야 함에도 마땅한 자료와 프로그램이 없어 고민이 많았습니다. 그래서 연구회 교사들은 2010년부터 국어 교육에 관한 연수를 들으며 국어 교육과정을 분석하고 국어의 각 영역별 목표 체계를 정리했습니다. 회원들이 각자의 국어 수업 사례를 발표하며 좋은 국어 수업 방법에 대해 고민한 끝에 2012년에 읽기 이해력 향상을 위한 자료를 만들었습니다. 총 25명의 현장 교사들이 직접 글을 쓰고, 읽기 이해 문제와 관련 활동지를 만들었습니다. 이 읽기 교재를 수업에 활용해 보니 아이들이 흥미 있게 수업에 참여하고 독해력이 향상되는 것을 알 수 있었습니다. 그동안 아이들에게 맞는 자료를 일일이 수정해 만드느라 애썼던 선생님들도 이 자료를 활용해 훨씬 수월하게 활동적인 수업을 할 수 있었다고 합니다.

이 책을 출판하기까지 많은 시간과 노력이 필요했습니다. 그 과정에서 여러 사람들에게 도움을 받았습니다. 덕원예고에서 미술을 전공하는 학생들이 약 1,200컷의 그림을 정성껏 그려 주어 책의 내용이 더욱 풍부해졌습니다. 그리고 도서출판 〈다음생각〉에서 의미 있는 결정을 내려 준 덕분에 이 책이 만들어질 수 있었습니다. 자원봉사로 수고해 준 덕원예고 학생들과 편집 작업에 애써 준 〈다음생각〉 출판사 분들께 깊은 감사를 드립니다.

여러 아이들의 다양한 특성에 맞는 단 하나의 교재란 있을 수 없습니다.

다만 『선생님이 만든 좔좔 글읽기』가 특수학급, 특수학교, 또 다른 교육 현장에서 국어 수업을 좀 더 풍요롭게 할 수 있는 자료가 되면 좋겠습니다. 아이들이 이 책으로 재미있게 공부할 수 있기를 바랍니다.

서울경인특수학급교사연구회

책의 특징

우리나라 아이들은 일찍부터 한글을 배우기 시작하여 초등학교에 들어가기 전에 이미 글을 줄줄 읽는 경우가 많습니다. 이를 반영하듯 초등학교 국어 교과서는 처음에 낱자 학습 및 단어 읽기를 다루다가 난이도가 급격히 높아집니다. 1학년 1학기 말쯤 되면 실제로 10문장 이상의 긴 글을 읽을 수 있어야 수업을 따라갈 수 있습니다. 한글을 깨치지 못한 상태로 입학하는 아이들의 경우 국어 수업에서 어려움을 겪을 수밖에 없습니다. 따라서 이제 막 문장 읽기를 시작하여 글을 유창하게 읽고 이해하는 데까지 많은 시간이 걸리는 학생들의 특성을 고려한 적합한 교재가 필요합니다.

이 교재는 학생의 연령에 맞는 좋은 문장으로 학습자의 속도에 맞게 읽기 이해력을 높일 수 있도록 개발하였습니다. 읽기를 배우는 데 오래 걸리는 아이들도 좋은 글을 읽고, 글에서 정보를 얻고, 글을 읽는 즐거움을 느낄 수 있게 하고자 합니다.

1. 짧은 글을 읽고 내용을 이해할 수 있도록 다양한 활동으로 구성했습니다. 문장 읽기 수준에 있는 학생들은 누구나 이 책으로 독해 공부를 할 수 있습니다. 특수학급이나 특수학교에 재학하는 초·중·고 학생, 읽기에 어려움을 가지고 있는 학습 부진 학생, 한글을 배우기 시작하는 다문화 학생이나 재외교포를 대상으로 하는 한글교실에서도 사용할 수 있습니다.

2. 각 단계는 읽기 이해의 수준별로 분류해 제작하였습니다. 1단계의 목표는 1~2문장을 읽고 이해하는 것이며 마지막 4단계의 목표는 글의 구조를 이해하는 것입니다. 단계에 따라 글의 길이, 문장과 어휘의 난이도, 질문의 난이도가 높아집니다.

3. 다양한 종류의 글을 접하도록 제시하였습니다. 생활글, 실용적 정보를 주는 글, 문학 작품(시, 이야기), 노랫말, 일기, 설명글 등 다양한 글을 통해 읽기 이해력을 높이도록 하였습니다. 초등국어교육과정의 목표와 내용체계를 고려하였고 초등교육과정에서 다루는 주제를 선정하여 교사들이 직접 글을 썼습니다. 그림책이나 시와 같은 문학 작품을 선정한 경우에는 전문을 제시하여 학생들이 문학 작품 전체를 느끼도록 하였습니다. 실생활에서 정보를 주는 글을 바로 읽고 활용할 수 있도록 실용글 읽기를 제시했습니다.

4. 읽기 이해 능력을 중심으로 접근하지만 듣기, 말하기, 쓰기를 함께 배울 수 있도록 다양한 활동을 제시하였습니다. 읽기 이해 능력은 읽기 기술만을 따로 가르치는 것에 의해 향상되지 않으며 다른 영역과 총체적으로 접근하는 것이 바람직하기 때문입니다. '글마중, 신나는 글읽기, 이야기 돋보기, 낱말 창고, 우리말 약속, 뽐내기'라는 꼭지를 두어 활동적인 수업이 되도록 제시하였습니다.

5. 읽기를 천천히 배우는 아이들의 특성을 고려하여 충분히 공부할 수 있도록 단계를 세분화하였습니다. 학생들의 연령과 특성에 맞게 선택하여 제시할 수 있도록 같은 수준의 자료를 다양하게 준비하였습니다.

책의 구성

'글마중'에는 배워야 할 전체 본문을 제시했습니다. 읽기가 서툴러 짧은 글을 읽는 아동이라 하더라도 국어 교육 목표에 따라 문학 작품 등을 부분만 제시하는 것은 바람직하지 않습니다. 아직 술술 읽는 것이 어렵지만 읽기를 재미있게 받아들일 수 있도록 완성도 있는 짧은 글을 그림과 함께 제시하였습니다.

'신나는 글읽기'에서는 본문의 내용을 쉽게 파악할 수 있도록 글에 관련된 여러 활동을 제시하였습니다. 다양한 방법으로 읽기, 그림으로 전체 내용 파악하기, 내용과 관련된 듣기·말하기 활동 등으로 구성되어 있습니다. 이 꼭지를 통해 아이들은 읽기 활동을 재미있게 느낄 것입니다.

'이야기 돋보기'는 문장의 구조를 활용하여 내용을 파악하기 위한 반복적인 연습문제로 구성되어 있습니다. 본문의 문장을 나누어 제시하고 글의 내용에 관한 질문에 답하도록 문제를 제공하였습니다. 단계에 따라 문장의 길이, 문제의 난이도, 단서 수준, 답을 쓰는 방법을 달리하였습니다.

'낱말 창고'에서는 본문에 있는 낱말 중 어려운 낱말을 선정하여 낱말 뜻 익히기나 쓰기 활동, 맞춤법, 어휘 관련 활동을 제시하였습니다. 본문의 낱말과 관련된 여러 어휘를 제시하여 어휘력 향상을 꾀하였습니다.

'뽐내기'는 본문과 관련된 다양한 쓰기와 표현 활동으로 구성하였습니다. 반복적인 쓰기 연습만으로는 아이들 스스로 쓰기 표현을 즐길 수 없습니다. 글마중의 내용과 관련된 쪽지도 쓰고, 그림도 그리고, 만들기도 하면서 쓰기를 즐겁게 느낄 것입니다. 1단계에서 문장 완성하기부터 시작하여 마지막 단계에서는 글의 주제와 종류에 따라 글을 쓰는 방법까지 다루게 됩니다.

'우리말 약속'에서는 아이들이 익혀야 하는 말본지식(문법)을 이해하기 쉽게 제시하고 반복 연습을 통해 익히도록 합니다. 자모음 체계 익히기, 품사와 토씨(조사) 등의 문장구조 익히기, 어순대로 쓰기, 이음말(접속사) 익히기 등 말본지식을 활용할 수 있도록 다양한 활동을 제시합니다.

책의 꼭지 활용 방법

🧑 <글마중>에 나온 글을 다양한 방법으로 읽게 해 주세요. 적당한 속도로 정확하게 읽을 수 있어야 글의 내용을 이해할 수 있습니다. 문장을 읽기 시작한 아이들의 경우 소리 내어 읽는 것은 매우 중요합니다. 자기가 읽은 것을 들으며 읽은 내용을 이해하기 때문입니다. 눈으로 읽은 것을 바로 이해하는 묵독을 할 수 있는 단계가 되기 전까지는 다양한 방법으로 소리 내어 읽는 활동을 많이 해 보는 것이 좋습니다. 읽기의 유창성과 정확도를 높이면 읽기 이해력도 향상됩니다.

읽어 주는 것 듣기, 교사가 한 문장이나 한 구절씩 읽으면 따라 읽기, 중요한 단어나 구절만 따로 읽기, 입 맞추어 함께 읽기, 구절 나누어 읽기, 번갈아 읽기, 돌아가며 읽기, 혼자 읽기 등의 방법을 활용하면 좋습니다. 아이가 읽은 것을 녹음해 다시 듣게 하거나 친구와 서로 읽어 주는 방법도 동기 유발에 좋습니다.

🧑 <신나는 글읽기>와 <뽐내기>는 표현 활동이므로 학습지만 활용할 것이 아니라 실제 활동을 통해 익히도록 해 주세요. 노래를 함께 부르고, 동작을 만들어 보세요. 주제와 관련하여 말하기, 동작, 음률, 미술, 몸짓, 놀이 등 다양한 표현 활동과 연계하여 활동적인 수업을 해 보세요. 이렇게 통합적으로 접근하면 아이들의 자유로운 표현 능력이 향상되고 흥미 있게 참여할 것입니다. 다양한 활동을 통해 자연스럽게 말하기, 쓰기 표현 능력이 향상될 수 있도록 연계하여 지도할 수 있습니다.

🧑 <이야기 돋보기>는 이해 목표에 따른 반복 활동으로 연습을 할 수 있게 되어 있습니다. 문장 단서와 그림 단서를 활용하는 방법을 알려 주세요.

지도 교사 도우미

🧑 <꼭지별 내용 체계>는 주제에 관한 꼭지 구성이 어떻게 되어 있는지 한눈에 볼 수 있도록 표로 정리되어 있습니다. 수업 계획을 세울 때 활용하거나 평가할 때 체크리스트로 사용해도 좋을 것입니다.

🧑 <좀 더 활용해 보세요>는 각 권에서 다루고 있는 글의 종류를 가르치는 방법이나 참고사항 등을 정리했습니다.

4단계 1권 〈실용글〉	실생활에 도움이 되는 기능적 읽기 지도
4단계 2권 〈일기, 생활글〉	차근차근 시작하는 생활글 쓰기
4단계 3권 〈시, 옛이야기〉	시와 친해지기
4단계 4권 〈설명글, 주장글〉	읽기 이해력을 향상시키기 위한 어휘 지도

🧑 선생님께 한마디 에는 교사가 참고할 만한 지도 방법을 학습지 하단에 제시했습니다.

4단계의 목표와 내용 구성

★ 4단계는 글의 종류에 따라 4권의 책으로 엮었습니다.
 - 4단계 1권은 주변 생활에서 흔히 볼 수 있는 광고, 안내문, 설명서 등 실용글로 구성했습니다.
 - 4단계 2권은 일기와 생활글로 구성했습니다.
 - 4단계 3권은 시와 옛이야기로 구성했습니다.
 - 4단계 4권은 설명글과 주장글로 구성했습니다.
★ 4단계의 목표는 다음과 같습니다. 단, 제시 방법에 따라 목표를 조정할 수 있습니다.
 - 읽기 : 7~10문장 이상의 짧은 글을 읽고 내용을 파악할 수 있다.
          한 문단 이상의 글을 읽고 주요 내용과 글의 구조를 파악할 수 있다.
 - 듣기·말하기 : 주제에 맞게 주요 내용을 말하고 자신의 의견을 말할 수 있다.
          바른 어법으로 새로운 어휘를 익혀 바르게 사용할 수 있다.
 - 쓰기 : 주제에 맞게 간단한 생활글을 스스로 구성해 쓸 수 있다.
 - 문학 : 글을 읽고 주요 정보를 얻고 글쓴이가 말하고자 하는 바를 파악할 수 있다.
          문학작품을 읽으며 즐거움을 느끼고 다양한 작품을 선택해 읽을 수 있다
 - 문법 : 철자규칙, 문장부호, 문장호응관계에 맞게 쓸 수 있다.
          문장을 자세히 쓰는 방법을 알고 이음말을 바르게 쓸 수 있다.

전체 구성	1권 〈실용글〉	2권 〈일기, 생활글〉	3권 〈시, 옛이야기〉	4권 〈설명글, 주장글〉
글마중	글마중에 실려 있는 본문은 7~10문장 이상의 짧은 글로 제시하였습니다. 1권은 실제 흔히 볼 수 있는 안내문, 광고, 매뉴얼에서 정보를 얻는 방법을 배우는 것에 초점을 두었습니다. 2권은 실제 아이들이 쓴 다양한 일기와 생활글을 제시하여 간단한 생활글을 주제에 맞게 쓸 수 있도록 했습니다. 3권은 시와 옛이야기를 통해 문학의 즐거움을 느끼도록 했습니다. 4권은 다양한 주제의 설명글을 제시해 주요 내용과 글의 구조를 파악하도록 했습니다. 또한 짧은 주장글을 통해 주요 의견과 근거를 찾는 방법을 익히도록 했습니다.			
신나는 글읽기	본문의 전체 내용을 표에 채워 써 봄으로써 글의 내용을 파악하도록 했습니다. 글과 관련된 사전 지식, 관련활동을 재미있게 제시했습니다.			
이야기 돋보기	글마중의 본문을 한 문단 이상이나 전체로 제시하고 주요 내용에 관한 질문에 스스로 답하도록 했습니다. 글의 구조를 파악하도록 다양한 이해 전략을 제시했습니다.			
낱말 창고	본문에 나오는 기본 어휘나 기본 어휘와 관련된 새로운 어휘를 확장해 익히도록 했습니다.			
우리말 약속	1권에서는 철자규칙에 맞게 바르게 쓰기를, 2권에서는 문장부호와 문장종류, 높임말쓰기, 문장호응, 고쳐쓰기를 3권에서는 구와 문장으로 자세히 표현하기(안은 문장 익히기), 4권에서는 이음말과 이어진 문장 쓰기를 배울 수 있도록 했습니다.			
뽐내기	아이들이 쓴 다양하고 재미있는 생활글을 접함으로써 생활글 쓰는 방법을 자연스럽게 배우도록 했습니다. 주제에 대해 쓰고 싶은 내용을 스스로 구성할 수 있도록 쓰기 전 활동을 제시했습니다.			

꼭지별 내용 체계

4권 설명글, 주장글

종류	글마중	신나는 글읽기	낱말 창고	이야기 돋보기	뽐내기	우리말 약속
설명글	나비와 나방	글에 있는 정보 확인하기	어려운 낱말 익히기 낱말 채워 문장 완성하기	각 문단에서 설명하는 내용 파악하기 표에 내용 정리하기 공통점과 차이점 정리하기	곤충에 관한 설명 써서 수수께끼 카드 만들기	이음말 - 그리고, 그러나 그래서, 그런데 - 바른 이음말 찾기 - 이음말 바르게 고치기 - 이음말과 어울리는 문장 고르기
	벌레잡이 식물을 키워 보세요	글에 있는 정보 확인하기	어려운 낱말 익히기 낱말 채워 문장 완성하기	각 문단에서 설명하는 내용 파악하기 표에 내용 정리하기 서론, 본론, 결론 정리하기	식물 소개 팻말 쓰기	
	사춘기	문단 나누기 알고 있는 것, 알고 싶은 것, 알게 된 것 정리하기	어려운 낱말 익히기 낱말 채워 문장 완성하기	문단 나누기 각 문단에서 중심 문장 찾기 표에 내용 정리하기	후배에게 사춘기에 대해 설명해 주는 편지글 쓰기	
	청소년 진로직업 사이트 - 제빵사가 궁금해요	새롭게 알게 된 것 표시하기	어려운 낱말 익히기 낱말 채워 문장 완성하기 낱말 뜻 찾아 보기	직업에 대한 질문과 답을 통해 내용 파악하기 표에 내용 정리하기	하고 싶은 일 (직업) 조사해서 표 완성하기	- 문장 내용에 알맞은 이음말 찾기 - 이음말에 어울리는 문장 쓰기
	권정생 선생님의 삶과 작품	인물의 생애 흐름 파악하기 작품에 대한 설명 연결하기	어려운 낱말 익히기 낱말 채워 문장 완성하기	시간 순서에 따라 인물의 삶 파악하기 작품에 대한 설명 내용 파악하기	책 소개하는 글쓰기	

종류	글마중	신나는 글읽기	낱말 창고	이야기 돋보기	뽐내기	우리말 약속
주장글	이 돈을 어떻게 쓸까	누가 어떤 의견을 냈는지 알아보기 나에게 돈이 있다면 어떻게 쓸지 생각해 보기		의견을 나타내는 문장 찾기	의견을 나타내는 표현 알아보기 나의 의견 나타내기	이어진 문장 익히기 - - 고, - 지만, - 어서 - 알맞게 이어진 문장 찾기 - 알맞게 문장 잇기
	학급도서 관리하기	도서 분류하기		의견과 까닭 연결하기	주제에 맞게 나의 의견 간단 하게 써 보기	
	우리 몸을 건강하게 지키는 방법	글쓴이의 의견이 무엇인지 생각하며 글 읽기 건강한 몸을 만들기 위해 할 일을 적어보기	건강한 생활과 관련된 낱말 알아보기	글쓴이의 의견을 나타내는 문장 찾기 의견에 대한 까닭 찾기	의견과 까닭 구분 하기 의견을 뒷받침 하는 까닭 생각 하여 써 보기	
	초등학생의 스마트폰 사용	찬성 의견과 반대 의견 구분하기 초등학생의 휴대폰 사용에 대해 내 생각 표현하기	찬성이란? 반대란?	찬성하는 까닭 찾기 반대하는 까닭 찾기	찬성과 반대 의견 구분하고 나의 의견 적어보기	- 이음말 뒤에 어울리는 문장 쓰기 - 두 문장을 한 문장으로 만들기 - 한 문장을 두 문장으로 만들기 - 문단 내용에 맞게 이음말 쓰기
	가라앉는 우리나라를 구해주세요	글쓴이의 의견을 생각하며 글읽기 인터넷으로 관련 정보 찾기	어려운 낱말 익히기 낱말 채워 문장 완성하기	중심문장 찾기 내용 파악하기	인터넷을 이용하여 자료 찾기 글쓴이에게 자신의 의견을 담은 글쓰기	
	자전거 운전도 안전이 먼저다	글의 구조를 생각하며 글 읽기 자전거 셀프 점검 ABC	어려운 낱말 익히기 낱말 채워 문장 완성하기	중심문장 찾기 서론, 본론, 결론으로 문단 나누기	주장글 완성하기 서론, 본론, 결론 으로 나누어서 글의 개요 작성 하기 서론, 본론, 결론 으로 나누어서 주장글 쓰기	

좀 더 활용해 보세요

 읽기 이해력을 향상시키기 위한 어휘 지도

글을 읽고 이해하는 데 영향을 미치는 중요한 요소는 '어휘'입니다. 어휘의 수준에 따라 글의 난이도가 달라지므로 난이도가 있는 글을 읽기 위해서는 어휘력을 길러야 합니다. 어휘의 개념적 의미를 알아야 할 뿐 아니라 내포되어 있는 뜻을 알기 위해서는 배경지식이 필요하기도 합니다. 문맥적 의미를 파악해야 하고 사회정서적 의미까지 이해해야 하는 경우도 있습니다.

어휘를 배우는 것은 개념을 익히는 것과도 관련이 있습니다. 특히 설명글이나 실용글을 읽을 때 어휘력과 관련지식이 부족해서 어려움을 겪는 경우가 많습니다. 어휘를 가르친다는 것은 새로운 개념을 이해하고 표현하도록 지도하는 것을 포함하기 때문에 다른 교과수업과의 연계를 통해서도 가르칠 수 있습니다.

① **나의 낱말 사전 만들기**

글을 읽을 때 뜻을 모르는 낱말을 표시한다. 작은 수첩이나 카드 등을 이용하여 앞면에는 낱말을, 뒷면에는 낱말의 뜻이나 짧은 글로 된 예시 등을 적는다. 카드가 어느 정도 모이면 뒷면이 보이도록 펼쳐놓고 낱말 맞추기 게임을 할 수도 있다. 다른 친구들의 낱말 사전을 모아 함께 게임을 할 수도 있다. 또 개인 낱말 사전은 복습이나 평가를 할 때 자료로 사용하면 좋다.

② **비슷한 말로 바꿔 쓰기**

알고 있는 낱말을 새로 배우는 낱말과 연결하여 이해하게 하는 좋은 전략이다.

– 여러 낱말 카드 중에서 비슷한 낱말 카드 짝 찾기

– 짧은 글을 읽고 반복되는 낱말 몇 개를 찾아 비슷한 말로 바꿔 쓰기

> ※ **비슷한 다른 말로 바꾸어 써 보세요.**
>
> 어제 동생과 <u>싸웠다</u>. 엄마가 동생 편을 들어 <u>섭섭했다</u>. 섭섭한 마음이 남아서인지 모든 일에 <u>짜증이 났다</u>.
>
> **보기** 속상했다, 화가 났다, 다투었다, 감정

③ 어휘 범주화하기

어휘를 분류하고 범주화하는 것은 사물의 속성과 특성을 이해하고 개념을 분명히 알게 하는 데 도움이 된다.

- 여러 범주 카드를 보고 세부 항목 카드를 분류하기
- 묶여 있는 것을 보고 범주를 정하기
- 스스로 범주 기준 정해 분류하기
- '아이 엠 그라운드 ~'이름 대기(예: 국가, 색, 과일, 채소 등)
- 짧은 글을 읽고 범주화한 어휘로 요약하기

※ **보기에서 낱말을 골라 넣어 문장을 요약해 보세요.**

우리 가족은 스포츠를 좋아한다. 나는 <u>농구, 축구, 배구</u>를 좋아한다. 우리 형은 <u>마라톤, 멀리뛰기, 높이뛰기</u>를 즐겨본다. 우리 아빠는 <u>스케이트, 스키, 보드</u>를 즐겨 탄다.

보기 육상, 구기종목, 빙상경기

---

④ 마인드맵 그리기

마인드맵 그리기는 기존의 지식과 새로운 정보를 연결하는 활동이며, 연상하기를 통해 배경지식을 늘려 어휘력 신장에 도움이 된다. 마인드맵은 다음과 같은 순서로 하면 좋다.

- 중심어휘를 정하고 연상되는 어휘 말하기
- 연상되는 어휘를 범주별로 묶기
- 범주에 들어갈 단어 더 발표하기
- 관련된 새 단어 제시하기
- 알고 있던 단어와 새 단어 관계 알기

⑤ 어휘 정의하기

학생이 스스로 어휘를 정의해 보는 활동은 어휘력을 길러 준다. 다양한 수수께끼 놀이를 활용해 보자.

– 다단계 수수께끼: 어휘를 포괄적으로 정의한 것부터 세부적인 내용으로 정의한 것까지 순서대로 나열한 것을 읽고 수수께끼를 푼다.

– 단어 스피드 퀴즈: 다른 친구에게 단어를 설명하고 다른 사람이 맞추는 게임이다.

– 몸짓 표현하기: 몸짓으로 단어를 설명하고 다른 사람이 맞춘다.

– 낱말 퍼즐 풀기: 낱말 뜻 풀이해 놓은 것을 보고 퍼즐을 푸는 게임이다.

– 스무고개 하기

⑥ 어휘를 이용해 짧은 문장 만들기

배운 어휘를 문장에 넣어 사용할 수 있어야 어휘를 제대로 익혔다고 말할 수 있을 것이다.

⑦ 문맥단서를 활용해 단어의 뜻을 유추하기

어휘의 뜻을 정확히 알지 못해도 문장에 포함되어 있는 어휘의 의미를 유추하는 능력을 기르는 것은 매우 중요하다.

– 그림단서를 활용해 유추하기

– 경험을 활용해 유추하기

– 글의 앞 뒤 내용을 활용해 유추하기

– 문장의 유형(대조, 묘사, 원인과 결과)을 활용해 유추하기

마음대로
그려 보세요

설명글, 주장글

1장
설명글

나비와 나방

우리 가족은 캠핑을 떠났어요. 늦게 출발하는 바람에 텐트를 치는데 벌써 날이 어둑어둑해지고 있네요.

나비와 나방이 어떻게 다른지 갑자기 궁금해져서 좀 더 자세히 알아봐야겠다고 생각했어요. 집에 돌아와 백과사전과 인터넷으로 나비와 나방의 공통점과 차이점을 찾아 정리해 봤어요.

나비목의 곤충에는 나비와 나방이 있다. 나비와 나방은 얼핏 보기엔 비슷해 보이지만 자세히 보면 다른 점을 금세 발견할 수 있다. 나비와 나방의 <u>공통점</u>과 <u>차이점</u>을 알아보자.

나비와 나방은 모두 2쌍의 날개를 가지고 있고 날아다니는 모습이 비슷하다. 또한 둘 다 열매즙이나, 꿀, 꽃가루를 먹으러 꽃을 찾아다니며, 알, 애벌레, 번데기, <u>성충</u>의 4단계를 거쳐 성장한다.

이렇게 나비와 나방은 비슷한 점도 있지만 사실 생김새부터 다르다. 나비의 더듬이는 가늘고 끝이 둥근 모양인데, 나방은 더듬이가 굵고 깃털모양이다. 나비 몸통은 가느다란 반면 나방 몸통은 굵다. 나비의 날개는 주로 화려한 색과 무늬를 가지고 있지만 나방의 색은 갈색과 같은 어두운 색이 많다.

나비와 나방의 <u>행동양식</u>도 다른 점이 많다. 나비는 낮에 주로 활동하지만 나방은 밤에 날아다닌다. 앉을 때 날개를 접는 모습으로도 <u>구분</u>하는 데 나방은 바닥에 날개를 펴고 앉고 나비는 날개를 위로 접고 앉는다.

이렇게 나비와 나방은 같은 종류의 곤충이지만 생김새와 행동양식에서 다른 점을 많이 보인다.

아빠, 날개를 펴고 앉은 것을 보니 저건 나방이죠?

아래 문장을 읽고 나비를 설명한 것이면 '나비', 나방을 설명한 것이면 '나방', 나비와 나방 모두에 해당되면 둘 다 쓰세요.

1	더듬이가 가늘고 끝이 둥글다.	
2	2쌍의 날개를 가지고 있다.	
3	날개에 화려한 색과 무늬가 있다.	
4	알, 애벌레, 번데기, 성충의 4단계를 거친다.	
5	바닥에 날개를 펴고 앉는다.	
6	몸통이 통통하고 굵다.	
7	꿀, 꽃가루, 열매즙을 먹는다.	
8	갈색이나 어두운 색의 날개를 가지고 있다.	
9	주로 밤에 활동한다.	
10	더듬이가 굵고 깃털모양이다.	

 낱말 뜻을 읽고 해당하는 낱말을 글마중의 밑줄 친 낱말 중에서 찾아 쓰세요. 그리고 아래 문장에 어울리는 낱말을 채워 쓰세요.

	둘 또는 여럿 사이에 두루 비슷한 점
	다 자란 곤충
	생물체의 일정한 모양이나 반응
	서로 같지 않고 다른 점
	일정한 기준에 따라 나눔

1. 나와 동생의 [   ]은 둘 다 오이를 싫어한다는 것이다.

2. 사막동물의 [   ]을 알아보면 어떻게 더위를 이기는지 알 수 있다.

3. 장난감을 종류대로 잘 [   ]해서 정리하세요.

4. 우리 집 장수풍뎅이가 번데기를 벗고 나와 [   ]이 되었다.

5. 남자와 여자의 [   ]은 타고나기도 하지만 자라 면서도 생긴다.

다음 글을 읽고 알맞은 답을 고르거나 쓰세요.

〈나비와 나방〉

(가)   나비목의 곤충에는 나비와 나방이 있다. 나비와 나방은 얼핏 보기엔 비슷해 보이지만 자세히 보면 다른 점을 금세 발견할 수 있다. 나비와 나방의 공통점과 차이점을 알아보자.

(나)   나비와 나방은 모두 2쌍의 날개를 가지고 있고 날아다니는 모습이 비슷하다. 또한 둘 다 열매즙이나, 꿀, 꽃가루를 먹으러 꽃을 찾아다니며, 알, 애벌레, 번데기, 성충의 4단계를 거쳐 성장한다.

1. 위 글은 문단을 2개로 나눌 수 있습니다. 문단이 시작되는 곳에 ○ 표시를 하고, 끝나는 곳에 」표시 하세요.

2. (가) 문단에서는 이 글에서 설명하고자 하는 내용을 소개하고 있습니다. 이 글에서 무엇을 설명하려는 것인지 찾아 밑줄을 그어 보세요.

3. (나) 문단에서 설명하고 있는 내용은 무엇인가요? ·············· (   )

① 나비와 나방의 공통점   ② 나비와 나방의 장점
③ 나비와 나방의 차이점   ④ 나비와 나방의 문제점

4. 나비와 나방의 공통점이 <u>아닌</u> 것을 고르세요. ······················· (   )

① 열매즙이나 꿀, 꽃가루를 먹는다.   ② 2쌍의 날개를 가지고 있다.
③ 화려한 색과 무늬가 있는 날개를 갖고 있다.
④ 알, 애벌레, 번데기, 성충의 4단계를 거쳐 자란다.

선생님께 한마디   여기에서 '문단' 구분하기를 처음 배우게 됩니다. 처음에는 내용을 보고 구분하기보다는 문단의 형식(시작하고 끝나는 지점)을 보고 찾을 수 있도록 해 주세요.

다음 글을 읽고 알맞은 답을 고르거나 쓰세요.

(다)   이렇게 나비와 나방은 비슷한 점도 있지만 사실 생김
새부터 다르다. 나비의 더듬이는 가늘고 끝이 둥근 모양
인데, 나방은 더듬이가 굵고 깃털모양이다. 나비 몸통은
가느다란 반면 나방 몸통은 굵다. 나비의 날개는 주로
화려한 색과 무늬를 가지고 있지만 나방의 색은 갈색과
같은 어두운 색이 많다.

(라)   나비와 나방의 행동양식도 다른 점이 많다. 나비는
낮에 주로 활동하지만 나방은 밤에 날아다닌다. 앉을
때 날개를 접는 모습으로도 구분하는데 나방은 바닥에
날개를 펴고 앉고 나비는 날개를 위로 접고 앉는다.

(마)   이렇게 나비와 나방은 같은 종류의 곤충이지만 생김
새와 행동양식에서 다른 점을 많이 보인다.

1. 위 글은 문단을 3개로 나눌 수 있습니다. 문단이 시작되는 곳에 ○ 표시
를 하고, 끝나는 곳에 ⌐ 표시 하세요.

2. (다) 문단에서 설명하고 있는 내용은 무엇인가요? ⋯⋯⋯⋯ (   )

① 나비와 나방의 공통점   ② 나비와 나방의 장점
③ 나비와 나방 생김새의 차이점 ④ 나비와 나방 행동양식의 차이점

3. (라) 문단에서는 무엇을 설명하고 있나요? ⋯⋯⋯⋯⋯ (   )

① 나비와 나방의 공통점   ② 나비와 나방의 장점
③ 나비와 나방 생김새의 차이점 ④ 나비와 나방 행동양식의 차이점

4. 나비와 나방의 <u>차이점</u>을 바르게 설명한 것을 고르세요. … (   )

① 나방은 몸통이 가느다랗고 나비는 굵다.
② 나비는 더듬이가 가늘고 끝이 둥글고, 나방은 굵고 깃털모양이다.
③ 나방 날개는 화려하고 나비 날개는 어두운 색이다.
④ 나비는 밤에 활동하고 나방은 낮에 날아다닌다.

5. 나비와 나방의 차이점을 표로 정리해 보세요.

	나비	나방
더듬이		
몸통		
날개		
활동하는 시간		
앉을 때 모습		

6. 이 글의 내용을 표로 정리해 보세요.

(가) 나비와 나방의 공통점과 차이점에 대해 알아보자.

(나)

(다), (라)

(마) 나비와 나방은 같은 종류의 곤충이지만 생김새와 행동양식이 다르다.

글마중을 다시 읽고 〈보기〉에서 알맞은 문장을 골라 내용을 정리해 보세요.

	나비	나방
나비와 나방의 공통점	• 2쌍의 날개를 가지고 있다. • •	
나비와 나방의 차이점 / 생김새	• 더듬이가 가늘고 끝이 둥글다. • •	• 더듬이가 굵고 깃털 모양이다. • •
나비와 나방의 차이점 / 행동 양식	• •	• •

〈보기〉

몸통이 가늘다.   몸통이 굵다.   꽃가루와 꿀을 먹는다.

날개가 화려하다.   날개 색이 어둡다.   낮에 날아다닌다.

알, 애벌레, 번데기, 성충의 단계를 거친다.   밤에 움직인다.

날개를 위로 접고 앉는다.   날개를 바닥에 펴고 앉는다.

〈예시〉처럼 곤충에 관한 수수께끼 카드를 만들어 보세요.

* 만들기 자료는 131쪽에 있습니다.

①	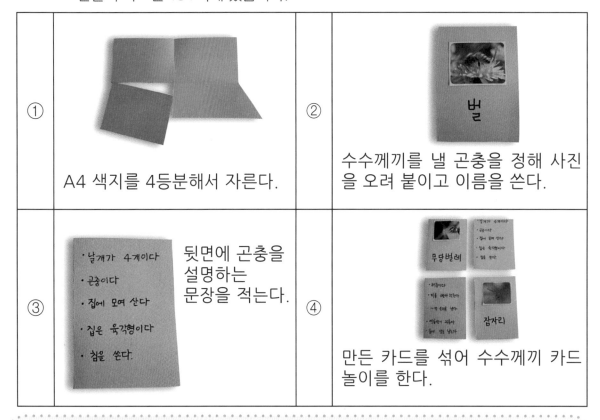 A4 색지를 4등분해서 자른다.	②	수수께끼를 낼 곤충을 정해 사진을 오려 붙이고 이름을 쓴다.
③	• 날개가 4개이다 • 곤충이다 • 집에 모여 산다 • 집은 육각형이다 • 침을 쏜다. 뒷면에 곤충을 설명하는 문장을 적는다.	④	만든 카드를 섞어 수수께끼 카드 놀이를 한다.

〈예시〉

• 날개가 화려하고 꿀을 먹는다.

• 더듬이가 가늘고 끝이 둥글다.

• 앉을 때 날개를 위로 접는다..

앞면   뒷면

벌레잡이 식물을 키워보세요

2016년 8월 15일
서경인어린이신문 이도형 기자

요즘 집에서 벌레잡이 식물을 키우는 것이 인기를 끌고 있다. 집안에 벌레잡이 식물을 두면 날벌레, 모기 등을 없앨 수 있고, 습지식물이라 <u>습도</u> 유지에도 도움이 된다.

식물은 보통 물과 햇빛을 이용해 양분을 얻지만, 벌레잡이 식물은 벌레를 잡아 녹여 양분을 얻는다. 벌레잡이 식물을 키울 때 일부러 벌레를 잡아 줄 필요는 없다. 벌레잡이 식물은 스스로 벌레를 잡을 수 있기 때문이다.

〈식물연구소〉 김나래 연구원은 집에서 키우기 좋은 벌레잡이 식물을 종류별로 분류해 소개해 주었다.

<u>접착력</u>이 있는 끈끈이로 벌레를 잡는 식물 중에는 '끈끈이주걱'이 대표적이다. 끈끈이주걱은 달콤한 향을 내서 벌레를 <u>유인</u>하는데, 벌레가 끈끈한 액에 살짝만 닿아도 꼼짝을 못한다. 4~6시간이면 솜털로 벌레를 완전히 감싸 <u>양분</u>을 빨아들이며, 주로 모기를 잡는다.

'네펜테스'는 벌레를 주머니에 빠뜨려 잡는 식물이다. 벌레가 달달한 향을 맡고 항아리 모양 통에 들어오면, 소화액이 나와 벌레를 녹인다. 개미, 파리, 모기 <u>퇴치</u>에 좋으며, 커다란 통이 있는 네펜테스는 작은 새나 쥐도 잡아먹는다고 한다.

잎을 닫아 벌레를 잡는 대표적 식물로 '파리지옥'이 있다. 가장자리가 가시처럼 생긴 잎을 벌리고 있다가 벌레가 잎 안쪽 털을 건드리면 잎을 재빨리 닫는다. 한번 벌레를 잡으면 녹여서 소화하는 데 3~7일이 걸린다. 보통 벌레잡이 식물로 파리지옥을 많이 떠올리지만 사실

벌레를 없애는 데 큰 효과는 없다고 한다.

대부분의 벌레잡이 식물은 <u>습지식물</u>이어서 시간 맞춰 물을 줄 필요 없이 물에 담가두기만 하면 된다. 가정에 2~3개의 벌레잡이 식물만 키워도 벌레 없이 쾌적하게 살 수 있다고 한다. 키우기도 쉽고 벌레도 없앨 수 있는 벌레잡이 식물을 한번 키워보면 어떨까?

신나는
글읽기

 아래 문장을 읽고 맞으면 ◯, 틀리면 X 하세요.

1	벌레잡이 식물은 물과 햇빛을 이용하여 양분을 얻는다.	
2	벌레잡이 식물에게는 벌레를 잡아주어야 한다.	
3	벌레잡이 식물은 끈끈이로 벌레를 잡는 식물, 통 속에 빠뜨려 잡는 식물, 잎을 닫는 식물이 있다.	
4	끈끈이주걱은 끈끈이로 벌레를 잡는 식물이다.	
5	네펜테스는 주머니에 빠진 벌레를 녹여 먹는다.	
6	네펜테스는 커다란 통을 가지고 있다.	
7	네펜테스는 잎을 닫아 벌레를 잡는다.	
8	파리지옥은 잎을 닫아 벌레를 잡는다.	
9	파리지옥은 파리를 잡는 데 효과적이다.	
10	벌레잡이 식물은 키우기 어렵다.	
11	벌레잡이 식물을 여러 개 키우면 벌레 없이 살 수 있다.	

낱말 뜻을 읽고 해당하는 낱말을 글마중의 밑줄 친 낱말 중에서 찾아 쓰세요. 그리고 아래 문장에 어울리는 낱말을 채워 쓰세요.

	영양이 되는 성분
	호수나 늪 부근에서 자라는 식물
	두 물체가 서로 달라붙는 힘
	공기 가운데 수증기가 들어있는 정도
	주의나 흥미를 일으켜 꾀어냄
	물리쳐서 아주 없애 버림

1. 오늘 날씨는 더운데다 [   ]가 높아서 에어컨을 켜야겠어.

2. 땅에 [   ]이 풍부해서 나무가 잘 자란다.

3. 미나리는 늪에서 자라니까 [   ]이다.

4. 낚시꾼은 미끼로 물고기를 [   ]해서 잡는다.

5. 의사들은 암을 [   ]하기 위해 열심히 연구한다.

6. 이 테이프는 [   ]이 좋아서 절대 떨어지지 않는다.

다음 글을 읽고 알맞은 답을 고르거나 쓰세요.

〈벌레잡이 식물을 키워 보세요〉

2016년 8월 15일
서경인어린이신문 이도형 기자

　요즘 집에서 벌레잡이 식물을 키우는 것이 인기를 끌고 있다. 집안에 벌레잡이 식물을 두면 날벌레, 모기 등을 없앨 수 있고, 습지식물이라 습도 유지에도 도움이 된다.

　식물은 보통 물과 햇빛을 이용해 양분을 얻지만, 벌레잡이 식물은 벌레를 잡아 녹여 양분을 얻는다. 벌레잡이 식물을 키울 때 일부러 벌레를 잡아 줄 필요는 없다. 벌레잡이 식물은 스스로 벌레를 잡을 수 있기 때문이다.

1. 밑줄 친 부분으로 보아 이 글은 어떤 종류의 글인가요? … (　　　　)

　① 식물 키우기 안내문　　② 신문에 실린 기사
　③ 백과사전에 실린 글　　④ 교과서에 실린 글

2. 이 글은 무엇에 관해 쓴 글인가요?

_____

3. 벌레잡이 식물에 대한 설명 중 틀린 것을 고르세요. ………… (　　　　)

　① 집에서 벌레잡이 식물을 키우면 날벌레, 모기를 없앨 수 있다.
　② 벌레잡이 식물을 키우면 습도 유지에 도움이 된다.
　③ 벌레잡이 식물은 벌레를 잡아 녹여 양분을 얻는다.
　④ 벌레잡이 식물에게 벌레를 잡아주어야 한다.

다음 글을 읽고 알맞은 답을 고르거나 쓰세요.

(가)   〈식물연구소〉 김나래 연구원은 집에서 키우기 좋은 벌레잡이 식물을 종류별로 분류해 소개해 주었다.

(나)   접착력이 있는 끈끈이로 벌레를 잡는 식물 중에는 '끈끈이주걱'이 대표적이다. 끈끈이주걱은 달콤한 향을 내서 벌레를 유인하는데, 벌레가 끈끈한 액에 살짝만 닿아도 꼼짝을 못한다. 4~6시간이면 솜털로 벌레를 완전히 감싸 양분을 빨아들이며, 주로 모기를 잡는다.

(다)   '네펜테스'는 벌레를 주머니에 빠뜨려 잡는 식물이다. 벌레가 달달한 향을 맡고 항아리 모양 통에 들어오면, 소화액이 나와 벌레를 녹인다. 개미, 파리, 모기 퇴치에 좋으며, 커다란 통이 있는 네펜테스는 작은 새나 쥐도 잡아먹는다고 한다.

(라)   잎을 닫아 벌레를 잡는 대표적 식물로 '파리지옥'이 있다. 가장자리가 가시처럼 생긴 잎을 벌리고 있다가 벌레가 잎 안쪽 털을 건드리면 잎을 재빨리 닫는다. 한번 벌레를 잡으면 녹여서 소화하는 데 3~7일이 걸린다. 보통 벌레잡이 식물로 파리지옥을 많이 떠올리지만 사실 벌레를 없애는 데 큰 효과는 없다고 한다.

1. 각 문단과 벌레잡이 식물의 종류 및 이름을 알맞게 연결해 보세요.

(나) 문단 •	• 잎을 닫아 벌레를 잡는 식물 •	• 네펜테스
(다) 문단 •	• 주머니에 빠뜨려 벌레를 잡는 식물 •	• 끈끈이주걱
(라) 문단 •	• 끈끈이로 벌레를 잡는 식물 •	• 파리지옥

2. 각 문단이 시작되는 곳에 ◯ 표시를 하고, 끝나는 곳에 」 표시 하세요.

3. (가) 문단은 무엇에 관해 설명하고 있나요? ······························ (   )

   ① 집에서 키우기 좋은 벌레잡이 식물을 종류별로 소개한다.
   ② 벌레잡이 식물을 키우는 방법을 소개한다.
   ③ 벌레잡이 식물의 해로운 점을 소개한다.
   ④ 벌레잡이 식물의 문제점을 소개한다.

4. (나) 문단에서 설명하고 있는 내용 중 틀린 것을 고르세요. (   )

   ① '끈끈이주걱'은 달콤한 향으로 벌레를 유인한다.
   ② 벌레가 끈끈한 액에 닿으면 붙어서 꼼짝할 수가 없다.
   ③ 솜털로 감싸 벌레를 빨아먹는다.
   ④ '끈끈이주걱'은 통 속에 벌레를 빠트린다.

5. (다) 문단에서 설명하고 있는 내용 중 맞는 것을 고르세요. (   )

   ① 잎을 닫아 벌레를 잡는 종류를 소개한다.
   ② 통에 벌레를 빠뜨려 잡는 식물은 '네펜테스'이다.
   ③ 통 속에 벌레가 빠지면 꿀꺽 삼킨다.
   ④ 작은 쥐나 새가 식물을 뜯어 먹는다.

6. (라) 문단의 설명으로 맞는 것을 모두 고르세요. (,   )

   ① '파리지옥'은 잎을 닫아 벌레를 잡는다.
   ② '파리지옥'은 파리를 잡는 데 아주 효과적이다.
   ③ '파리지옥'은 벌레가 잎을 건드리면 잎을 닫는다.
   ④ '파리지옥'은 벌레를 통째로 잡아먹는다.

 다음 글을 읽고 알맞은 답을 고르거나 쓰세요.

대부분의 벌레잡이 식물은 습지식물이어서 시간 맞춰 물을 줄 필요 없이 물에 담가두기만 하면 된다. 가정에 2~3개의 벌레잡이 식물만 키워도 벌레 없이 쾌적하게 살 수 있다고 한다. 키우기도 쉽고 벌레도 없앨 수 있는 벌레잡이 식물을 한번 키워보면 어떨까?

1. 벌레잡이 식물을 키우면 좋은 점은 무엇인가요?

─────────────────────────────────────

 글마중을 다시 읽고 표를 완성해 보세요.

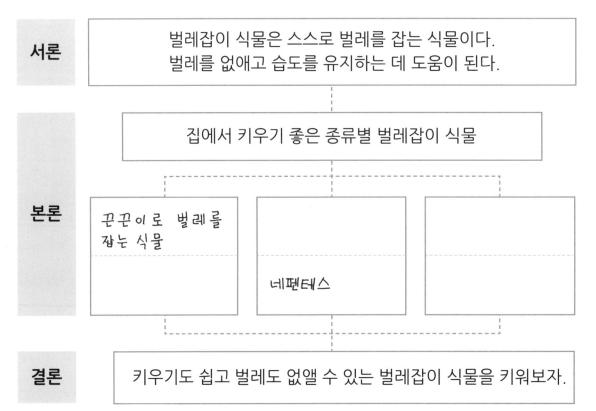

서론	벌레잡이 식물은 스스로 벌레를 잡는 식물이다. 벌레를 없애고 습도를 유지하는 데 도움이 된다.

집에서 키우기 좋은 종류별 벌레잡이 식물

| 본론 | 끈끈이로 벌레를 잡는 식물 | | 네펜테스 | |

결론	키우기도 쉽고 벌레도 없앨 수 있는 벌레잡이 식물을 키워보자.

뽐내기

 여러분이 꽃집 주인이라고 생각하고 식물을 소개하는 팻말을 만들어 봅시다. 인터넷이나 식물도감에서 찾아 앞면에는 식물의 이름과 특징, 키우는 방법 등을 적고, 뒷면에 그림이나 사진을 붙여 보세요.

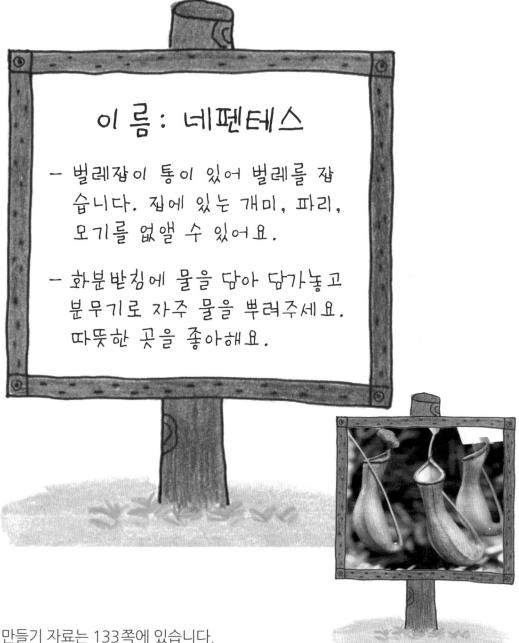

이 름 : 네펜테스

- 벌레잡이 통이 있어 벌레를 잡습니다. 집에 있는 개미, 파리, 모기를 없앨 수 있어요.

- 화분받침에 물을 담아 담가놓고 분무기로 자주 물을 뿌려주세요. 따뜻한 곳을 좋아해요.

* 만들기 자료는 133쪽에 있습니다.

사춘기

여러분은 사춘기를 기다리고 있나요? 아니면 이미 사춘기에 접어들었나요? 사춘기는 어린이에서 어른으로 자라는 과정에서 몸과 마음의 변화가 나타나는 시기예요. 여자는 보통 12~13세, 남자는 13~14세부터 사춘기가 시작되며 3~4년간 사춘기를 보낸답니다.

사춘기는 몸에 성 호르몬 분비가 활발해지면서 시작돼요. 사춘기에는 키가 많이 크고, 코와 턱이 발달해서 얼굴 형태도 바뀐답니다. 여드름이 나거나, 겨드랑이와 사타구니에 털이 나기 시작합니다.

사춘기는 여자는 여자답게, 남자는 남자답게 몸이 바뀌는 시기입니다. 남자는 근육이 단단해져서 힘이 세집니다. 성대가 커져서 목소리가 굵어지고 수염이 나기 시작하지요. 고환이 서서히 커지고 정자가 만들어져 몽정을 하는 경우도 있답니다. 여자는 월경을 시작하고 가슴과 엉덩이가 커집니다. 피하지방이 많아져 몸매가 곡선형으로 바뀌지요. 이런 변화는 아이를 낳고 기르기 위한 준비 과정이랍니다.

사춘기는
무엇인가요?

사춘기에 일어나는 변화는
무엇인가요?

남자와 여자의
사춘기 변화는
어떤 차이가
있나요?

사춘기에는 몸의 변화뿐 아니라 <u>정서 변화</u>도 매우 큽니다. 갑자기 화가 나거나 불안하기도 하고 자신감이 없어지기도 해요. 어른이 되려는 독립심이 생기고 친구와 이성에 대한 관심이 더 늘지요. 그래서 이 시기에는 부모님에 대한 <u>반항심</u>이 생겨 부모님과 사이가 안 좋아지기도 한답니다.

사춘기는 어른으로 자라는 과정에 누구나 거쳐 가는 시기이므로 슬기롭게 잘 보내야 합니다. 변화하는 내 몸과 마음을 사랑해야 건강하고 행복한 어른이 될 수 있어요. 또 여러분을 아끼는 주변 사람들도 어른이 되어가는 여러분의 성장을 기뻐하고 자랑스럽게 생각할 거예요.

사춘기의
정서 변화에는
어떤 특징이
있나요?

사춘기를
어떻게 보내야
할까요?

문단 나누기를 해 봅시다. 문단과 문단 사이에 줄을 긋고 문단이 시작하는 곳에 ○ 표시, 끝나는 곳에 」 표시 하세요.

 글마중을 읽기 전 사춘기에 대해 알고 있던 것과 알고 싶은 것에 대해 써 보세요.

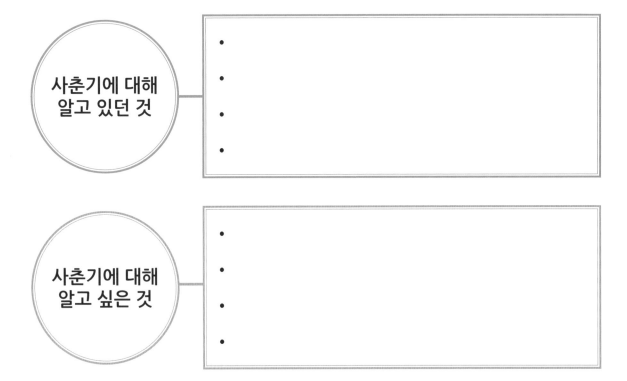

사춘기에 대해 알고 있던 것

사춘기에 대해 알고 싶은 것

글마중을 다시 자세히 읽어본 후 사춘기에 대해 알게 된 것을 써 보세요.

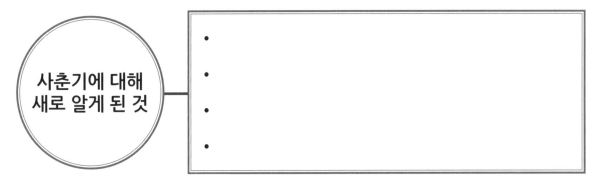

사춘기에 대해 새로 알게 된 것

낱말 창고

 낱말 뜻을 읽고 해당하는 낱말을 글마중의 밑줄 친 낱말에서 찾아 쓰세요. 그리고 아래 문장에 어울리는 낱말을 채워 쓰세요.

	수컷의 생식 세포
	피부 밑의 지방
	잠을 자다가 정액을 내보냄
	성숙한 여성의 자궁에서 주기적으로 피가 나오는 현상
	사람 마음에 일어나는 여러 감정이 변화하는 것
	다른 사람에 맞서 대들거나 반대하는 마음

1. 어젯밤에 꿈을 꾸다가 [   ] 을 해서 이불이 젖었다.

2. 이번 달 [   ] 은 25일부터 시작할 것 같으니 생리대를 준비해야지.

3. 너 요새 자꾸 대드는 거 보니 엄마한테 [   ] 이 생기니?

4. 그렇게 많이 먹다가는 [   ] 이 늘어서 배가 나올 거야.

5. 청소년기는 [   ] 가 크다더니 기분이 금세 변하는구나.

6. 여성의 난자와 남자의 [   ] 가 만나 아기가 생깁니다.

다음 글을 읽고 알맞은 답을 고르거나 쓰세요.

〈사춘기〉

여러분은 사춘기를 기다리고 있나요? 아니면 이미 사춘기에 접어들었나요? <u>사춘기는 어린이에서 어른으로 자라는 과정에서 몸과 마음의 변화가 나타나는 시기예요.</u> 여자는 보통 12~13세, 남자는 13~14세부터 사춘기가 시작되며 3~4년간 사춘기를 보낸답니다.

<u>사춘기는 몸에 성 호르몬 분비가 활발해지면서 시작돼요.</u> 사춘기에는 키가 많이 크고, 코와 턱이 발달해서 얼굴 형태도 바뀐답니다. 여드름이 나거나, 겨드랑이와 사타구니에 털이 나기 시작합니다.

1. 무엇에 대해 설명하는 글인가요? 중심 낱말을 찾아 써 보세요.

_____

2. 두 개의 문단으로 나눠보세요. 문단이 시작하는 곳에 ○ 표시, 끝나는 곳에 」 표시를 하고 각각 (가) 문단, (나) 문단이라고 적어 보세요.

3. (가) 문단에서 중심 문장을 찾아 써 보세요.

_____

4. (가) 문단에서 설명하는 것은 무엇인가요? ·························· (   )

① 사춘기의 의미   ② 사춘기의 몸의 변화

③ 사춘기의 중요성   ④ 사춘기에 지켜야 할 일

선생님께 한마디 이 단원에서는 문단을 스스로 나누어 보는 연습을 합니다. 각 문단에서 중심문장을 찾아 보면서 글의 구조를 파악하게 해주세요.

월   일   요일   확인

5. 사춘기에 관한 설명으로 <u>틀린</u> 것은 무엇인가요? ⋯⋯⋯⋯ (   )

① 어린이에서 어른으로 자라는 과정이다.

② 몸과 마음의 변화가 모두 일어난다.

③ 보통 여자가 남자보다 사춘기가 빨리 온다.

④ 사춘기는 딱 1년만 지속된다.

6. (나) 문단에서 중심 문장을 찾아 써 보세요.

_____

7. (나) 문단에서 설명하는 것은 무엇인가요? ⋯⋯⋯⋯⋯⋯ (   )

① 사춘기의 의미와 시기   ② 사춘기에 나타나는 몸의 변화

③ 사춘기의 중요성   ④ 사춘기에 지켜야 할 일

8. 사춘기에 성호르몬 분비가 활발해지면서 생기는 변화를 모두 고르세요.
⋯⋯⋯⋯⋯⋯⋯⋯⋯⋯⋯⋯⋯ (,   ,   )

① 키가 크고 여드름이 나기 시작한다.

② 코와 턱이 발달해서 얼굴 형태가 달라진다.

③ 사타구니나 겨드랑이에 털이 난다.

④ 머리카락이 잘 자라고 뚱뚱해진다.

9. 여러분은 사춘기에 호르몬 분비로 인해 어떤 몸의 변화를 겪었나요?
사춘기에 일어나는 몸의 변화를 여러분이 아는 대로 적어 보세요.

다음 글을 읽고 알맞은 답을 고르거나 쓰세요.

사춘기는 여자는 여자답게, 남자는 남자답게 몸이 바뀌는 시기입니다. 남자는 근육이 단단해져서 힘이 세집니다. 성대가 커져서 목소리가 굵어지고 수염이 나기 시작하지요. 고환이 서서히 커지고 정자가 만들어져 몽정을 하는 경우도 있답니다. 여자는 월경을 시작하고 가슴과 엉덩이가 커집니다. 피하지방이 많아져 몸매가 곡선형으로 바뀌지요. 이런 변화는 아이를 낳고 기르기 위한 준비 과정이랍니다.

1. 문단이 시작하는 곳에 ○ 표시, 끝나는 곳에 」 표시를 하고 (다) 문단이라고 적어 보세요

2. 무엇에 대해 설명하는 글인가요? 중심 문장을 찾아 밑줄을 그어 보세요.

3. (다) 문단에서 설명하는 내용은 무엇인가요? ·············· (   )

    ① 사춘기의 필요성   ② 사춘기 남녀의 몸의 변화
    ③ 사춘기의 정서 변화   ④ 사춘기의 행동 변화

4. 아래 문장을 읽고 여자와 남자의 몸에 나타나는 사춘기의 변화를 구분하여 '여자', '남자'라고 써 보세요.

근육이 단단해지고 힘이 생긴다.	
가슴과 엉덩이가 커진다.	
월경을 시작한다.	
성대가 커지고 목소리가 굵어진다.	
고환이 커지고 정자가 만들어진다.	
몸매가 곡선형으로 바뀐다.	

다음 글을 읽고 알맞은 답을 고르거나 쓰세요.

사춘기는 몸의 변화 뿐 아니라 정서 변화도 매우 큽니다. 갑자기 화가 나거나 불안하기도 하고 자신감이 없어지기도 해요. 어른이 되려는 독립심이 생기고 친구와 이성에 대한 관심이 더 늘지요. 그래서 이 시기에는 부모님께 반항심이 생겨 부모님과의 사이가 안 좋아지기도 한답니다.

사춘기는 어른으로 자라는 과정에 누구나 거쳐 가는 시기이므로 슬기롭게 잘 보내야 합니다. 변화하는 내 몸과 마음을 사랑해야 건강하고 행복한 어른이 될 수 있어요. 또 여러분을 아끼는 주변 사람들도 어른이 되어가는 여러분의 성장을 기뻐하고 자랑스럽게 생각할거예요.

1. 문단이 시작하는 곳에 ○표시, 끝나는 곳에 ⌐표시를 하고 각각 (라) 문단, (마) 문단이라고 적어 보세요.

2. (라) 문단의 중심 문장을 찾아 밑줄을 그어 보세요.

3. (라) 문단은 무엇을 설명하고 있나요? ························ (   )

　① 사춘기의 필요성　　　② 사춘기 남녀의 몸의 변화
　③ 사춘기의 정서 변화　　④ 사춘기의 의미

4. 사춘기 정서 변화와 관련이 <u>없는</u> 것을 고르세요. ··············· (   )

　① 사춘기에는 감정이 자주 변한다.
　② 갑자기 화가 나거나 불안하거나 자신감이 없어진다.
　③ 친구와 이성에 관심이 많아진다.
　④ 부모님과 떨어지면 불안하다.

5. (마) 문단의 중심 문장을 찾아 써 보세요.

_____

6. 사춘기를 어떻게 보내야 할까요? ······························· (   )

① 변하는 내 몸과 마음을 사랑해야 한다.
② 주변 친구들, 어른들과 자주 만나지 않는다.
③ 반항심이 생기는 대로 행동한다.
④ 몸의 변화를 다른 사람들에게 큰 소리로 자랑한다.

글마중을 다시 읽고 (가)~(마)로 문단을 나누세요. 각 문단의 중심 문장에 밑줄을 그은 후 표를 완성해 보세요.

(가) 사춘기 의미	사춘기는 어른으로 자라기 위해 몸과 마음의 변화가 일어나는 시기이다.
(나) 사춘기 신체 변화	사춘기는 성호르몬 분비가
(다) 사춘기 남녀 차이	사춘기는
(라) 사춘기 정서 변화	
(마) 사춘기를 어떻게 보내야 할까?	

뽐내기

 동생이나 후배에게 앞으로 다가올 사춘기에 대해 알려주는 편지글을 써 보세요. 사춘기에는 어떤 변화가 있는지, 어떻게 지내야 하는 것인지 알려주세요.

이음말에 대해 알아봅시다.

★ '이음말'이란 문장과 문장의 의미를 이어주는 말입니다.

그리고	앞 문장의 내용과 비슷한 내용을 연결하거나 덧붙일 때
그러나	앞 문장과 반대되는 내용을 연결할 때
그래서	앞 문장의 결과가 되는 문장을 연결할 때
그런데	앞 문장과 반대되는 내용 연결할 때, 이야기의 내용을 바꿀 때

알맞은 이음말에 ○ 하세요.

〈예시〉	놀이터에 갔습니다.	(그리고) 그러나 그래서	 동물원에도 갔습니다.

진영이는 공부를 잘 한다.

그리고
그러나
그런데

현수는 공부를 잘 못한다.

친구들과 떠들었다.

그러나
그래서
그런데

선생님께 벌을 받았다.

엄마가 떡볶이를 해주셨다.

그리고
그래서
그런데

맛이 없었다.

앞 문장의 내용과 어울리는 문장을 연결해 보세요.

하늘로 올라간 오빠는 달이 되었다.

그리고 동생은 해가 되었다.

수업시간에 친구들과 떠들었다.

그런데 아직도 날씨가 춥다.

개미는 땀을 흘리며 부지런히 일했다.

그래서 선생님께 혼났다.

겨울이 지나고 어느덧 봄이 되었다.

그러나 베짱이는 노래하며 놀았다.

이음말이 알맞게 쓰인 문장에 ○하세요.

〈예시〉	날씨가 흐렸다. **그리고** 비는 내리지 않았다. ( )
	날씨가 흐렸다. **그러나** 비는 내리지 않았다. (○)

1	친구들과 눈싸움을 했다. **그런데** 눈사람도 만들었다. ( )
	친구들과 눈싸움을 했다. **그리고** 눈사람도 만들었다. ( )

2	놀이동산에서 재미있게 놀았다. **그래서** 시간가는 줄 몰랐다. ( )
	놀이동산에서 재미있게 놀았다. **그러나** 시간가는 줄 몰랐다. ( )

3	엄마가 나물 반찬을 주셨다. **그런데** 나는 나물이 싫었다. ( )
	엄마가 나물 반찬을 주셨다. **그래서** 나는 나물이 싫었다. ( )

4	애벌레는 나뭇잎을 먹었다. **그래서** 여전히 배가 고팠다. ( )
	애벌레는 나뭇잎을 먹었다. **그러나** 여전히 배가 고팠다. ( )

5	아침마다 우유를 한 컵씩 마셨다. **그러면** 건강해진 것 같다. ( )
	아침마다 우유를 한 컵씩 마셨다. **그래서** 건강해진 것 같다. ( )

이음말을 바르게 고쳐 써 보세요.

| 〈예시〉 | 돌쇠는 연못가에서 울었다. ~~그래서~~ 산신령이 나타났다. |
| | ⇒ 돌쇠는 연못가에서 울었다. 그런데 산신령이 나타났다. |

| 1 | 진희는 창피해서 얼굴을 가렸다. **그러나** 엉엉 울음을 터뜨렸다. |
| | 진희는 창피해서 얼굴을 가렸다. _____ 엉엉 울음을 터뜨렸다. |

| 2 | 병원에서 주사를 맞았다. **그래서** 하나도 아프지 않았다. |
| | 병원에서 주사를 맞았다. _____ 하나도 아프지 않았다. |

| 3 | 배가 고파서 식탁에 앉았다. **그리고** 내가 좋아하는 반찬이 없었다. |
| | 배가 고파서 식탁에 앉았다. _____ 내가 좋아하는 반찬이 없었다. |

| 4 | 애벌레는 고치 집을 지었다. **그러나** 번데기가 되어 잠을 잤다. |
| | 애벌레는 고치 집을 지었다. _____ 번데기가 되어 잠을 잤다. |

| 5 | 며칠 동안 화분에 물을 주지 않았다. **그러나** 꽃이 시들었다. |
| | 며칠 동안 화분에 물을 주지 않았다. _____ 꽃이 시들었다. |

이음말 뒤에 어울리는 문장을 골라 (   )안에 ○ 하세요.

| 어머니는 하루 종일 잔칫집에서 일을 했다. | 그리고 | 떡 한 바구니를 받아 집으로 갔다. | (   ) |
| | | 떡 한 바구니도 받지 못했다. | (   ) |

| 열 달이 지나 단지에서 아기가 나왔다. | 그래서 | 아기는 새근새근 잠을 자고 있었다. | (   ) |
| | | 아기 이름을 '단지손이'라고 지었다. | (   ) |

| 개미는 땀을 뻘뻘 흘리며 일을 하였다. | 그러나 | 베짱이는 노래를 부르며 신나게 놀았다. | (   ) |
| | | 개미는 따뜻한 집에서 지냈다. | (   ) |

| 설문대 할망은 육지로 나들이를 가고 싶었어. | 그런데 | 입을만한 옷이 없었지. | (   ) |
| | | 나들이옷을 입고 갔어. | (   ) |

이음말 뒤에 어울리는 문장을 골라 (　)안에 ○ 하세요.

| 할아버지는 순무를 힘껏 당겼다. | 그러나 | 순무는 쑥 뽑혔다. (　) |
| | | 순무는 뽑히지 않았다. (　) |

| 어머니가 떡을 이고 산길을 걸어갔어. | 그런데 | 갑자기 호랑이가 나타났어. (　) |
| | | 아이들에게 떡을 주려고 했어. (　) |

| 한여름이라 날씨가 몹시 더웠다. | 그래서 | 시아버지와 며느리는 그늘에서 쉬어가기로 했다. (　) |
| | | 시아버지와 며느리는 밭일을 하기로 했다. (　) |

| 먹보 생쥐가 장갑 속으로 쏙 들어갔다. | 그리고 | 장갑이 꽉 차서 들어갈 자리가 없었다. (　) |
| | | 개구리도 장갑 속으로 들어갔다. (　) |

청소년 진로직업 사이트
- 제빵사가 궁금해요

진로교육센터

게시판 〉 묻고 답하기　　　　　🔍 검색

교육안내	자료마당	공지사항	**묻고 답하기**

질문 1	‹제빵사›랑 ‹파티시에›가 같은 말인가요?
등록일	2015-01-27 　　조회수　　1234
답변	‘파티시에’는 프랑스말 ‘빠띠시에’에서 온 것인데 원래 제과사를 뜻합니다. 하지만 우리나라는 제과사와 제빵사를 구분하지 않습니다. 쿠키나 케이크를 만드는 제과사, 빵을 만드는 제빵사를 아울러 제과제빵사라고 부르죠. 요즘에는 제빵사를 파티시에나 빠띠시에라고 부르는 경우도 많습니다.

질문 2	제빵사가 되려면 어떤 과정을 거쳐야 하나요?
등록일	2015-07-14 　　조회수　　906
답변	고등학교나 대학교에서 제과제빵 관련 공부를 하면 됩니다. 요즘에는 제과제빵 학원이 많아져서 학원에서 배우기도 합니다. 학교나 학원에서 배우며 제과 기능사, 제빵 기능사 자격증을 따는데 필기시험과 실기시험이 있습니다. 보통 제과와 제빵 양쪽을 다 하기 때문에 두 가지 자격증 다 필요합니다.

질문 3	제빵사로 일하면서 좋은 점, 어려운 점은 무엇인가요?		
등록일	2016-01-19	조회수	406
답변	무엇보다 내가 만든 빵을 사람들이 맛있게 먹어주면 기분이 좋죠. 요즘엔 몸에 좋은 빵, 맛있는 빵을 찾는 손님들이 많아졌어요. 손님들이 빵을 먹고 나서 좋게 말해주면 보람을 느낍니다. 어려운 점은 새벽에 일어나서 아침 일찍 출근해야 한다는 것입니다. 그리고 특별한 날에 가족들과 시간을 보내기 어렵답니다. 어버이날이나 크리스마스, <u>연말</u>에 굉장히 바쁩니다. 사람들이 케이크를 많이 사가는 시기니까요.		

질문 4	제빵사가 되기 위해 어떤 준비를 해야 할까요?		
등록일	2016-03-27	조회수	254
답변	여러 가지 빵을 맛보세요. 빵이나 케이크를 직접 만들어보면 더 좋겠죠. 미술이나 <u>디자인</u>에도 관심을 갖는다면 보기 좋은 빵과 디저트를 만들 수 있을 겁니다. 그리고 <u>체력</u>이 매우 중요합니다. 일찍 출근하고 오랫동안 서서 일하니까 몸이 많이 힘들어요. 제빵사 일을 시작할 때는 무거운 밀가루를 옮겨야 하고 설거지와 청소도 계속 해야 해서 금방 피곤해집니다.		

＊**참고** - 〈직업 교과서 31 : 파티시에 변리사〉, 와이즈멘토, 주니어김영사

글마중을 읽고 새롭게 알게 된 내용에 ○ 하세요.

1	제빵사를 '파티시에'라고도 부른다.	
2	파티시에는 프랑스말 '빠띠시에'에서 온 것이다.	
3	우리나라는 제과사, 제빵사를 구분하지 않는다.	
4	학원에서도 제과 제빵을 배울 수 있다.	
5	'제과 기능사', '제빵 기능사' 자격증 시험이 있다.	
6	크리스마스, 어버이날에 사람들이 케이크를 많이 산다.	
7	제빵사가 되려면 체력이 좋아야 한다.	

 제빵사를 만난다면 물어보고 싶은 내용을 적어 보세요. 글마중에 나오지 않은 내용 중에 궁금한 점을 생각해 보세요.

월   일   요일   확인

 낱말 뜻을 읽고, 글마중의 밑줄 친 낱말 중에서 찾아 쓰세요.

	어떤 일을 하는 데 필요한 능력이 있다고 증명하는 문서
	한 해가 끝나가는 때
	몸을 움직여 어떤 일을 할 수 있는 힘

 다음 문장에 알맞은 낱말을 위에서 찾아 써 보세요.

1. 운동을 열심히 하면 [   ]을 기를 수 있다.

2. [   ]에 겨울방학을 한다.

3. 컴퓨터 [   ]이 있으면 회사에 들어갈 때 도움이 된다.

 국어사전이나 인터넷으로 다음 낱말의 뜻을 알아보세요.

기능사	
필기	
실기	
디자인	

다음 글을 읽고 알맞은 답을 고르거나 쓰세요.

질문1. [   ]

⇒ 답: '파티시에'는 프랑스말 '빠띠시에'에서 온 것인데 원래 제과사를 뜻합니다. 하지만 우리나라는 제과사와 제빵사를 구분하지 않습니다. 쿠키나 케이크를 만드는 제과사, 빵을 만드는 제빵사를 아울러 제과제빵사라고 부르죠. 요즘에는 제빵사를 파티시에나 빠띠시에라고 부르는 경우도 많습니다.

질문2. 제빵사가 되려면 어떤 과정을 거쳐야 하나요?

⇒ 답: 고등학교나 대학교에서 제과제빵 관련 공부를 하면 됩니다. 요즘에는 제과제빵 학원이 많아져서 학원에서 배우기도 합니다. 학교나 학원에서 배우며 제과 기능사, 제빵 기능사 자격증을 따는데 필기시험과 실기시험이 있습니다. 보통 제과와 제빵 양쪽을 다 하기 때문에 두 가지 자격증 다 필요합니다.

1. 어떤 직업에 대해 설명한 글인가요?

_____

2. 빈칸에 들어가기 적절한 질문은 무엇인가요? ⋯⋯⋯⋯⋯ (   )

① 케이크는 어떻게 만드나요?
② '제빵사'랑 '파티시에'가 같은 말인가요?
③ 제과점은 어디에 있나요?
④ 어떻게 하면 제빵 기능사가 될 수 있나요?

3. 질문1에 대한 답변을 다음과 같이 정리할 때, 빈칸에 들어갈 낱말을 글에서 찾아 쓰세요.

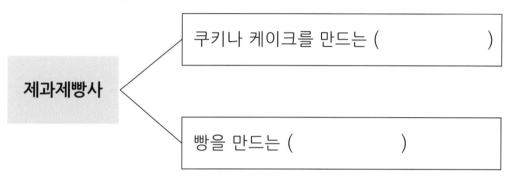

제과제빵사

쿠키나 케이크를 만드는 (   )

빵을 만드는 (   )

4. 질문2에 대한 답변을 다음과 같이 정리할 때 빈칸에 들어갈 내용은 무엇인가요? ·· (   )

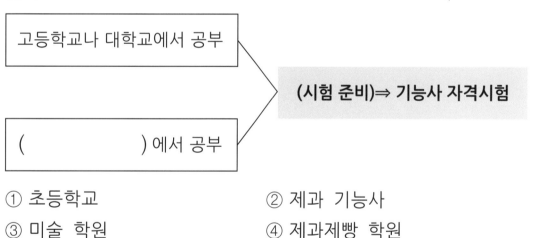

고등학교나 대학교에서 공부

(   ) 에서 공부

(시험 준비)⇒ 기능사 자격시험

① 초등학교   ② 제과 기능사
③ 미술 학원   ④ 제과제빵 학원

5. 글의 내용과 <u>다른</u> 것은 무엇인가요? ································ (   )

① '빠띠시에'와 '파티시에'는 같은 말이다.
② 우리나라는 제과사와 제빵사를 합쳐서 '제과제빵사'라고 한다.
③ 제빵사가 되려면 꼭 대학교에서 제빵을 배워야 한다.
④ 필기시험과 실기시험을 봐야 제과 기능사 자격증을 딸 수 있다.

다음 글을 읽고 알맞은 답을 고르거나 쓰세요.

질문3. 제빵사로 일하면서 좋은 점, 어려운 점은 무엇인가요?

⇒ 답: 무엇보다 내가 만든 빵을 사람들이 맛있게 먹어주면 기분이 좋죠. 요즘엔 몸에 좋은 빵, 맛있는 빵을 찾는 손님들이 많아졌어요. 손님들이 빵을 먹고 나서 좋게 말해주면 보람을 느낍니다. 어려운 점은 새벽에 일어나서 아침 일찍 출근해야 한다는 것입니다. 그리고 특별한 날에 가족들과 시간을 보내기 어렵답니다. 어버이날이나 크리스마스, 연말에 굉장히 바쁩니다. 사람들이 케이크를 많이 사가는 시기니까요.

질문4. 제빵사가 되기 위해 어떤 준비를 해야 할까요?

⇒ 답: 여러 가지 빵을 맛보세요. 빵이나 케이크를 직접 만들어보면 더 좋겠죠. <u>미술이나 디자인에도 관심을 갖는다면 보기 좋은 빵과 디저트를 만들 수 있을 겁니다.</u> 그리고 체력이 매우 중요합니다. 일찍 출근하고 오랫동안 서서 일하니까 몸이 많이 힘들어요. 제빵사 일을 시작할 때는 무거운 밀가루를 옮겨야 하고 설거지와 청소도 계속 해야 해서 금방 피곤해집니다.

1. 제빵사로 일하며 느끼는 좋은 점, 어려운 점을 글에서 찾아 쓰세요.

• 좋은 점: _____

• 어려운 점: _____

2. 한 해 중에서 제빵사가 특히 바쁜 날이 언제일까요? ········· (   )

　　① 3월 1일　　　　　　　② 6월 25일
　　③ 10월 9일　　　　　　 ④ 12월 25일

3. 질문 4의 답변 내용을 정리해보았습니다. 제빵사가 되기 위해 준비해야
　 할 것 중에서 빠진 것을 찾아 적어 보세요.

　　• 여러 가지 빵을 먹어본다.
　　＿＿＿＿＿＿＿＿＿＿＿＿＿＿＿＿＿＿＿＿＿＿＿＿＿＿＿

　　•
　　＿＿＿＿＿＿＿＿＿＿＿＿＿＿＿＿＿＿＿＿＿＿＿＿＿＿＿

　　•
　　＿＿＿＿＿＿＿＿＿＿＿＿＿＿＿＿＿＿＿＿＿＿＿＿＿＿＿

　　• 체력을 기른다.
　　＿＿＿＿＿＿＿＿＿＿＿＿＿＿＿＿＿＿＿＿＿＿＿＿＿＿＿

4. 밑줄 친 문장을 보세요. 미술이나 디자인이 제과제빵에서 왜 중요한지
　 생각해 보고, 이와 어울리는 속담을 찾아보세요. ············· (   )

　　① 누워서 떡 먹기다.
　　② 보기 좋은 떡이 먹기도 좋다.
　　③ 첫술에 배부르랴.
　　④ 미운 놈 떡 하나 더 준다.

5. 제빵사에 대한 설명으로 맞는 것을 골라 보세요. ············· (   )

　　① 늦게 출근해도 된다.
　　② 크리스마스나 연말에 한가하다.
　　③ 빵을 만드는 일은 미술이나 디자인과도 관련 있다.
　　④ 체력은 별로 중요하지 않다.

글마중의 내용을 간단히 정리해 보았습니다. 무엇에 대한 설명인지 〈보기〉에서 찾아 쓰세요.

┌──────────────────┐
│   │
└──────────────────┘

　파티시에는 제과사를 뜻한다. 우리나라는 제과사와 제빵사를 합쳐서 제과제빵사라고 부른다. 요즘에는 제빵사를 파티시에라고 부르기도 한다.

┌──────────────────┐
│   │
└──────────────────┘

　고등학교나 대학교, 또는 학원에서 제과제빵에 대해 배울 수 있다. 제과 기능사, 제빵 기능사 자격증이 다 필요하다.

┌──────────────────┐
│   │
└──────────────────┘

　사람들이 빵을 맛있게 먹을 때 보람을 느낀다. 아침 일찍 일어나야 하고, 특별한 날에 가족들과 시간을 보내기 힘들다는 점이 어렵다.

┌──────────────────┐
│   │
└──────────────────┘

　여러 가지 빵을 맛보고 직접 만들어보면 좋다. 미술이나 디자인에도 관심을 갖는 것이 도움이 된다. 그리고 체력이 매우 중요하다.

〈보기〉

제빵사로서 좋은 점, 어려운 점   제빵사와 파티시에의 뜻

제빵사가 되기 위해 준비할 것   제빵사가 되는 과정

뽐내기

 내가 하고 싶은 일을 생각해 보세요. 인터뷰를 하거나 인터넷이나 책으로 그 직업을 조사해서 〈예시〉처럼 적어 보세요.

〈예시〉	**직업 이름**	제빵사(파티시에)
어디에서 일하는가?		빵집, 제과점, 카페
어떤 일을 하는가?		빵, 케이크, 쿠키를 만든다.
어떻게 준비해야 할까?		− 여러 가지 빵을 먹어본다. − 체력을 기른다.

직업 이름	
어디에서 일하는가?	
어떤 일을 하는가?	
그 일을 하고 싶은 이유	
어떻게 준비해야 할까?	

권정생 선생님의 삶과 작품

권정생 선생님은 1937년 일본에서 태어났다. 일본이 우리나라를 빼앗았던 때이다. 어린 시절에 청소부였던 아버지가 가져온 헌 책을 보며 자랐다. 열 살 때 한국으로 왔는데 매우 가난하게 살았다. 초등학교를 졸업하고 나서 중학교에 가지 못하고 돈을 벌어야 했다. 여러 곳을 돌아다니며 어렵게 살다가 스무 살 때는 결핵이라는 병에 걸리게 됐다.

권정생 선생님은 서른 살이 넘어 고향 안동으로 돌아와 교회에 딸린 작은 방에서 살았다. 이곳에서 아픈 몸으로 날마다 새벽종을 쳤고, 글을 쓰기 시작했다. 마흔여섯 살 무렵 조그마한 흙집을 지어 이사했다. 점점 책이 많이 팔리고 유명해졌지만 사람들 앞에 나서는 것을 좋아하지 않았다. 늘 검소하게 살았던 권정생 선생님은 어린이들을 위해 써달라며 많은 유산을 남기고 2007년에 돌아가셨다.

권정생 선생님은 동화작가로서 많은 글을 남겼다. 그 작품의 주인공들은 아프고 약하고 <u>어수룩하다</u>. 멋지고 똑똑하고 잘 사는 사람들에 대한 이야기는 쓰지 않았다. 대부분 가난과 전쟁으로 힘들게 사는 인물이다.

권정생 선생님이 처음으로 발표한 〈강아지똥〉에서부터 그런 특징이 잘 나타난다. 흔히 더럽고 쓸모없다고 여겨지는 강아지똥을 주인공으로 내세웠다.

그림책 〈황소 아저씨〉에는 작가의 경험이 담겨있다. 권정생 선생님 집에 생쥐가 살았는데 밤에 이불 속에 들어와 같이 자곤 했다. 이 책의 마지막 장면에서 생쥐들을 품고 자는 황소 아저씨의 모습이 바로 권정생 선생님의 삶이었다.

〈엄마 까투리〉는 권정생 선생님이 마지막으로 쓴 작품이다. 엄마 까투리가 불에 탄 몸으로 새끼들을 지켰다는 이 이야기 역시 작가의 삶과 관련되어 있다. 권정생 선생님의 어머니는 결핵으로 죽어가던 아들을 돌보며 고생하다 돌아가셨다. 아들을 살리고 나서 세상을 떠난 어머니는 권정생 선생님 마음속에 계속 남아있었다.

＊**참고** - 〈작은 사람 권정생〉 이기영, 단비

권정생 선생님이 살아온 삶을 순서에 맞게 번호를 써 보세요.

일본에서 태어났다. 어린 시절 헌 책을 보며 자랐다.	①	마흔 여섯 살 무렵 작은 흙집을 지어 이사했다. 점점 유명해졌다.	
열 살 때 한국으로 왔는데 가난하게 살았다. 초등학교를 졸업하고 중학교에 가지 못하고 돈을 벌었다.		고향 안동으로 돌아와서 교회에 딸린 작은 방에 살았다. 글을 쓰기 시작했다.	
검소하게 살다가 많은 유산을 남기고 돌아가셨다.		스무 살 때 결핵에 걸려 많이 아프게 됐다.	

 작품에 대한 설명을 알맞게 연결해 보세요.

〈강아지똥〉   •   •   권정생 선생님 어머니와 관련된 작품이다.

〈황소 아저씨〉   •   •   권정생 선생님이 처음으로 발표한 작품이다.

〈엄마 까투리〉   •   •   권정생 선생님은 실제로 생쥐들과 함께 잤다.

 낱말 뜻을 읽고, 글마중의 밑줄 친 낱말 중에서 찾아 쓰세요.

	정성을 들여 만든 물건 그림, 조각, 소설처럼 예술 활동으로 만든 것
	태어나서 자란 곳
	이름이 널리 알려져 있음
	돈을 낭비하지 않고 차림새가 꾸밈없게
	조금 어리석거나 순진하다.

 다음 문장에 들어갈 낱말을 위에서 골라 쓰세요.

1. 할머니 [   ] 은 제주도이다.

2. 학교에서 [   ] 전시회를 했다.

3. 민식이는 똑똑한 것 같으면서도 한편으로는 [   ]

4. 우리 할아버지는 늘 [   ] 사셨다고 한다.

5. 일본 음식 중에서 초밥이 [   ] 하다.

다음 글을 읽고 알맞은 답을 고르거나 쓰세요.

권정생 선생님은 1937년 일본에서 태어났다. 일본이 우리나라를 빼앗았던 때이다. 어린 시절에 청소부였던 아버지가 가져온 헌 책을 보며 자랐다. 열 살 때 한국으로 왔는데 매우 가난하게 살았다. 초등학교를 졸업하고 나서 중학교에 가지 못하고 돈을 벌어야 했다. 여러 곳을 돌아다니며 어렵게 살다가 스무 살 때는 결핵이라는 병에 걸리게 됐다.

권정생 선생님은 서른 살이 넘어 고향 안동으로 돌아와 교회에 딸린 작은 방에서 살았다. 이곳에서 아픈 몸으로 날마다 새벽종을 쳤고, 글을 쓰기 시작했다. 마흔여섯 살 무렵 조그마한 흙집을 지어 이사했다. 점점 책이 많이 팔리고 이름이 널리 알려졌지만 사람들 앞에 나서는 것을 좋아하지 않았다. 늘 검소하게 살았던 권정생 선생님은 어린이들을 위해 써달라며 많은 유산을 남기고 2007년에 돌아가셨다.

1. 어떤 사람에 대한 글을 읽을 때 시간의 흐름에 따라 이해하는 것이 중요합니다. 글에서 연도나 나이가 나타난 부분을 찾아서 밑줄을 그어 보세요.

2. 나이를 나타내는 말을 숫자로 써 보세요.

• 열 살: __10__ 세   • 스무 살: _____ 세

• 서른 살: _____ 세   • 마흔여섯 살: _____ 세

3. 권정생 선생님이 살아온 삶을 시간 흐름에 따라 표로 정리해 보았습니다.
   글 내용에 맞게 빈칸을 채워 보세요.

연도 또는 나이	겪은 일
년	일본에서 태어났다.
열 살	한국으로 와서 가난하게 살았다.
스무 살	결핵이라는 병에 걸려서 아프게 됐다.
서른 살 넘어서	
마흔여섯 살	작은 흙집을 지어 이사했다.
	어린이들을 위한 유산을 남기고 돌아가셨다.

4. 권정생 선생님의 어린 시절에 대한 설명과 <u>다른</u> 것은 무엇인가요?(   )

   ① 일본에서 태어났다.   ② 헌 책을 팔았다.
   ③ 가난하게 살았다.   ④ 중학교를 다니지 못했다.

5. 밑줄 친 '유산'이라는 낱말이 어색하게 쓰인 문장을 고르세요. (   )

   ① 명희 할머니는 남겨줄 <u>유산</u>이 없었다.
   ② 그 사람은 아버지한테서 많은 <u>유산</u>을 받았다.
   ③ 나는 열심히 저축해서 <u>유산</u>을 많이 모았다.
   ④ 김밥 집 할머니는 <u>유산</u>을 기부하기로 했다.

6. 권정생 선생님은 어떻게 살았나요? ⋯⋯⋯⋯⋯⋯⋯⋯⋯⋯⋯ (   )

   ① 어릴 때 부모님이 동화책을 많이 사주셨다.
   ② 공부를 열심히 해서 대학교까지 다녔다.
   ③ 여러 사람들 앞에 나서는 것을 즐겼다.
   ④ 결핵에 걸린 후 아픈 몸으로 살았다.

다음 글을 읽고 알맞은 답을 고르거나 쓰세요.

　권정생 선생님은 동화작가로서 많은 글을 남겼다. 그 작품의 주인공들은 아프고 약하고 어리숙하다. 멋지고 똑똑하고 잘 사는 사람들에 대한 이야기는 쓰지 않았다. 대부분 가난과 전쟁으로 힘들게 사는 인물이다.

　권정생 선생님이 처음으로 발표한 〈강아지똥〉에서부터 그런 특징이 잘 나타난다. 흔히 더럽고 쓸모없다고 여겨지는 강아지똥을 주인공으로 내세웠다.

　그림책 〈황소 아저씨〉에는 작가의 경험이 담겨있다. 권정생 선생님 집에 생쥐가 살았는데 밤에 이불 속에 들어와 같이 자곤 했다. 이 책의 마지막 장면에서 생쥐들을 품고 자는 황소 아저씨의 모습이 바로 권정생 선생님의 삶이었다.

　〈엄마 까투리〉는 권정생 선생님이 마지막으로 쓴 작품이다. 엄마 까투리가 불에 탄 몸으로 새끼들을 지켰다는 이 이야기 역시 작가의 삶과 관련되어 있다. 권정생 선생님의 어머니는 결핵으로 죽어가던 아들을 돌보며 고생하다 돌아가셨다. 아들을 살리고 나서 세상을 떠난 어머니는 권정생 선생님 마음속에 계속 남아있었다.

1. 권정생 선생님은 어떤 일을 했나요? ……………………………… (　　　　　)

　　① 화가　　　　　　　　② 동화 작가
　　③ 의사　　　　　　　　④ 작곡가

2. 권정생 선생님이 맨 처음 발표한 글은 무엇인가요? ＿＿＿＿＿＿＿

3. 권정생 선생님 작품 속 주인공에 대한 설명으로 어울리지 <u>않는</u> 것은 무엇인가요? ························· (　　　　　)

① 아프고 약하다.　　　　② 어수룩한 사람이다.

③ 똑똑하고 잘 산다.　　　④ 가난과 전쟁으로 힘들게 산다.

4. 그림책 〈황소 아저씨〉에서 작은 생명도 소중히 여기는 권정생 선생님의 모습이 담겨 있는 등장 인물은 누구인가요? ············· (　　　　　)

① 강아지똥　　　　　　　②황소 아저씨

③ 생쥐　　　　　　　　　④ 엄마 까투리

5. 이 글에서 〈엄마 까투리〉 작품을 설명한 내용을 통해 알 수 있는 것은 무엇인가요? ······························ (　　　　　)

① 〈엄마 까투리〉는 권정생 선생님이 맨 처음 쓴 작품이다.
② 까투리는 수컷 꿩을 말한다.
③ 불이 나자 엄마 까투리가 도망간 이야기이다.
④ 권정생 선생님 어머니가 엄마 까투리처럼 아들을 보살펴주었다.

6. 〈엄마 까투리〉 내용에 대한 설명으로 미루어보아 이 작품의 주제와 어울리는 낱말은 무엇인가요? ················· (　　　　　)

① 사랑과 희생　　　　　②우정과 질투

③ 가난과 전쟁　　　　　④ 도전과 모험

7. 여러분이 읽어 본 권정생 선생님 작품 중에서 가장 좋아하는 책은 무엇인가요? (혹시 읽어본 책이 없다면 이 글에 소개된 작품 중에서 읽고 싶은 책을 적어 보세요.)

_____

선생님과 함께 권정생 선생님 작품을 인터넷이나 도서관에서 더 찾아 읽어 보고, 그 중에서 소개하고 싶은 책을 골라 보세요.

책 제목	
저자 (글쓴 이, 그린 이)	
소개하고 싶은 이유	

 책을 소개하는 방법에는 여러 가지가 있습니다. 아래 예시 자료를 살펴보고, 원하는 방법으로 다음 쪽에 소개글을 써 보세요.

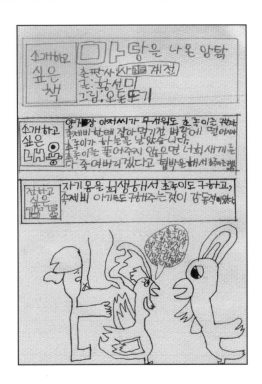

- <마당을 나온 암탉>을 읽고 만든 책 소개 (남양주도곡초, 채여진)

권정생 선생님 책을 골라 소개하는 글을 써 봅시다. 아래에 나온
방법 또는 그밖에 다른 방법으로 자유롭게 써 보세요.

- 표지 그림과 함께 소개하는 말 쓰기
- 편지글로 소개하기
- 광고글로 소개하기

문장 내용에 알맞은 이음말을 <보기>에서 찾아 써 보세요.

<보기>   그리고   그래서   그러나   그런데

주말농장에서 아빠는 배추를 뽑았다. | 그리고 |
동생은 무를 뽑았다.

세호가 다리를 다쳤다. | | 내가 세호의
가방을 들어주었다.

지수는 진우와 인라인 스케이트를 탔다. | |
쌩쌩 달리다가 서로 부딪쳐 넘어졌다.

프라이팬에 물과 고추장을 넣고 끓인다. | |
떡과 어묵, 파를 넣고 함께 끓이면 떡볶이가 된다.

늑대가 셋째 돼지의 집을 힘껏 불었다. | |
셋째 돼지의 집은 쓰러지지 않았다.

욕심 많은 개는 물에 비친 개를 보고 멍멍 짖었다.
| | 입에 물고 있던 고기를 놓쳐 버렸다.

문장 내용에 알맞은 이음말을 〈보기〉에서 찾아 써 보세요.

〈보기〉　　그리고　　　그래서　　　그러나　　　그런데

우리나라에는 넓은 갯벌이 있다. 　그런데　 요즘은 무분별한 개발로 갯벌이 많이 훼손되었다.

민수는 추운 날씨에 옷을 얇게 입고 나갔다.

☐ 감기에 걸렸다.

숲은 이산화탄소를 흡수하고 산소를 공급한다.

☐ 숲은 바람과 산사태를 막아준다.

일요일 아침에 날씨가 너무 맑았다. ☐

우리 가족은 북한산으로 등산을 갔다.

세 시에 지수와 놀기로 약속했다. ☐ 엄마가 숙제를 먼저 하라고 하시며 나가지 못하게 하셨다.

컴퓨터는 매우 편리한 기계이다. ☐ 너무 오래 사용하면 게임중독에 걸릴 수 있다.

이음말 뒤에 어울리는 문장을 〈보기〉에서 찾아 써 보세요.

〈보기〉 - 도넛은 고리 모양으로 기름에 튀긴 빵입니다.
       - 돈이 모자라서 만화책을 살 수 없었다.
       - 지수는 눈사람을 만들었다.
       - 갑자기 민호가 나를 툭 치고 도망갔다.

불이 나면 "불이야!"라고 큰 소리로 외칩니다.

<u>그리고</u> 빨리 밖으로 나갑니다.

쉬는 시간에 교실에서 진우랑 공기놀이를 했다.

<u>그런데</u>

어젯밤에 눈이 소복소복 내렸다.

<u>그래서</u>

지수는 만화책을 사러 서점에 갔다.

<u>그러나</u>

케이크는 크림이나 과일을 올려 꾸민 빵입니다.

<u>그리고</u>

이음말 뒤에 어울리는 문장을 〈보기〉에서 찾아 써 보세요.

〈보기〉   - 조개도 줍고, 게도 쫓으며 즐겁게 놀았다.
          - 농부의 밭에 돌을 치우고 거름을 가져다 놓았어.
          - 약 3천만 년 전에 두 대륙은 분리되었다.
          - 갑자기 큰 파도가 밀려왔다.

수지는 곰 인형을 동생처럼 아끼고 사랑했다.

그래서   어디든지 곰 인형을 데리고 다녔다.

민수는 아빠와 함께 양동이를 들고 바닷가 모래밭으로 갔다.

그리고

아주 먼 옛날 오스트레일리아와 아시아는 서로 연결되어 있었다.

그러나

도깨비는 농부의 말을 듣고 자기가 실수를 했다고 생각했어.

그래서

진희는 모래밭에 앉아서 모래성을 쌓기 시작했다.

그런데

이음말 뒤에 어울리는 문장을 써 보세요.

문구점에서 스케치북을 샀습니다. **그리고** <u>크레파스도 샀습니다.</u>

진수는 키가 작다. **그러나** _____

친구 생일파티에 초대받았다. **그래서** _____

충치가 생겨서 이가 아팠다. **그러나** _____

기린은 키가 크다. **그리고** _____

정호는 축구를 좋아한다. **그래서** _____

엄마는 씨를 뿌렸다. **그리고** _____

사탕은 달고 맛있다. **그러나** _____

이 돈을 어떻게 쓸까

주희네 가족은 매주 일요일 저녁에 가족회의를 합니다. 오늘은 그동안 모은 돼지 저금통의 돈을 어떻게 쓸지 이야기를 나누기로 했습니다.

아빠: 우리 집 돼지 저금통이 이제 꽉 찼는데 어떻게 쓰면 좋을까?

주희: 맛있는 것 먹으러 가요. 피자도 먹고 싶고 갈비도 먹고 싶어요. 함께 외식한 지 너무 오래됐어요. 엄마가 해주는 밥도 맛있지만 가끔은 특별한 음식을 먹는 것도 근사하잖아요!

주혁: 저는 놀이동산에 놀러갔으면 좋겠어요. 놀이동산에서 롤러코스터도 타고 바이킹도 타면 짜릿할 것 같아요. 맛있는 추로스도 먹고요.

엄마: 유니세프나 국제기아단체에 기부하는 건 어떨까? 아프리카에서는 아기들이 분유가 없어서 굶어 죽는다잖니! 3만원이면 한 달 치 분윳값이라고 하더라. 많은 돈은 아니지만 의미 있게 쓰면 뿌듯하지 않을까?

아빠: 돈을 더 보태서 가족여행 가는 건 어때? 지난 여름방학 때도 아빠가 바빠서 같이 수영장 한번 못 갔잖아. 돌아오는 연휴에 속초나 안면도로 여행가면 바다 구경도 하고, 맛있는 것도 먹고 좋을 것 같지 않니? 아빠는 우리 가족과 즐거운 추억을 만들고 싶은데……

아래와 같은 방법으로 글마중을 읽어 보세요.

① 무엇을 결정하기 위해 의견을 나누고 있는지 생각하며 읽어 보세요.
② 누가, 어떤 의견을 냈는지에 집중하여 읽어 보세요.
③ 나에게 돈이 있다면 무엇을 하고 싶은지 생각하며 읽어 보세요.

 나에게 돈이 있다면 어떻게 쓸 것인지 생각해 보세요.

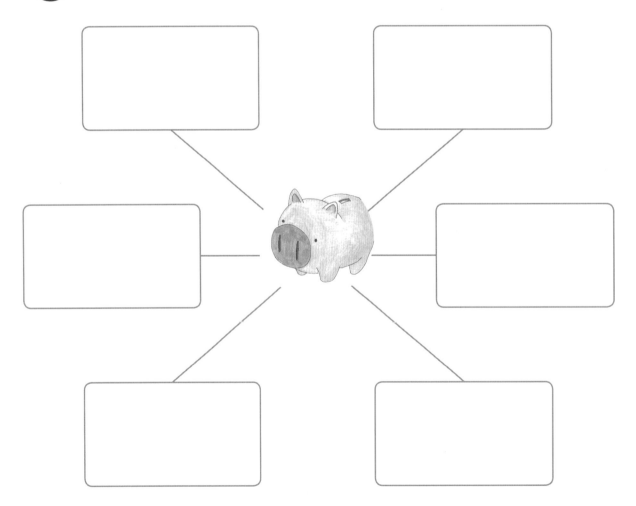

 글마중을 읽고 읽고 알맞은 답을 고르거나 쓰세요.

1. 주희네 가족은 무엇을 결정하기 위해 가족회의를 했나요? (   )

   ① 저금통에 돈을 모으는 방법을 결정하기 위해
   ② 저금통에 모은 돈을 어떻게 쓸 것인지 결정하기 위해
   ③ 저금통을 어디서 살까 결정하기 위해
   ④ 어떤 음식을 먹을까 결정하기 위해

2. 주희네 가족은 각각 어떤 의견을 냈나요? 글마중에서 의견을 나타내는
   문장을 찾아 빈칸에 써 보세요.

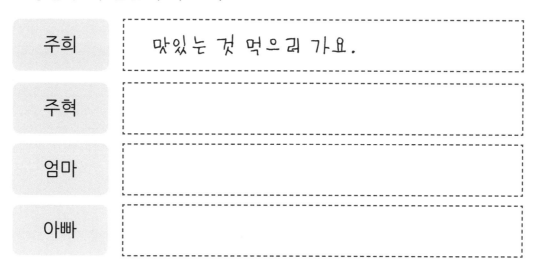

주희	맛있는 것 먹으러 가요.
주혁	
엄마	
아빠	

3. 내가 만약 주희네 가족이라면 어떤 의견을 내고 싶은가요?

내 의견을 다른 사람에게 전달하는 표현에 대해 알아봅시다.

> '~하는 게 어때?'
> '~하자(~해요).'
> '~라고 생각한다.' 등과 같은 표현을 많이 씁니다.

 아래 글에서 의견을 전달하는 '~하는 게 어때?', '~하자(~해요).', '~라고 생각한다.' 라는 표현을 찾아 색연필로 밑줄을 그어 보세요.

> 엄마: 이번 주말이 할머니 생신인데 어떤 선물을 하면 좋을까?
>
> 희수: 엄마, 꽃다발은 어떨까요? 할머니는 꽃을 좋아하시잖아요. 할머니가 좋아하시는 분홍색 장미꽃을 한 아름 선물해 드리면 기뻐하실 것 같아요.
>
> 현수: 목도리는 어때요? 할머니는 추위를 많이 타시니까 목도리도 좋을 것 같아요. 지난번에 보니까 할머니 목도리가 너무 낡았더라고요. 목도리는 겨울 내내 쓸 수 있잖아요.
>
> 엄마: 화장품은 어때? 지난번에 할머니 댁에 갔더니 화장품을 거의 다 쓰셨더라고. 요즘은 주름개선 화장품도 많이 나오더라. 할머니는 비싸다고 안 사시니까 우리가 사다드리면 어떨까?

> ◎ 주제:
>
> ・ 희수의 의견:
>
> ・ 현수의 의견:
>
> ・ 엄마의 의견:

〈대화1〉을 읽고 어색한 표현을 찾아 X 하세요. 의견을 말하는 표현으로 바꾸어 〈대화2〉에 적어 보세요.

〈대화 1〉   준용: 돌아오는 주말에 무엇을 할까?

서희: 우리, 이번 주말에 아쿠아리움에 ~~갔다~~.

재환: 그것보다 공원에서 자전거를 탄다.

영서: 극장 가서 영화 봤다.

〈대화 2〉   준용: 돌아오는 주말에 무엇을 할까?

서희: 우리, 이번 주말에 아쿠아리움에 <u>가자</u>.

재환: 그것보다 공원에서 자전거를 (   )

영서: 극장 가서 영화를 (   )

〈대화 1〉   선생님: 학예회에 우리 반은 무엇을 하면 좋을까요?

미영: 연극을 합니다.

은숙: 음악줄넘기를 하면 좋을 것 같습니다.

혜진: 응원 댄스를 했습니다.

〈대화 2〉   선생님: 학예회에 우리 반은 무엇을 하면 좋을까요?

미영: 연극을 (   )

은숙: 음악줄넘기를 하면 좋을 것 같습니다.

혜진: 응원 댄스를 (   )

가족회의 상황입니다. 동생이나 아빠처럼 주제에 맞게 내 의견을 정리해 아래 빈칸에 적어 보세요.

> **주제:** 여름 휴가 장소 결정

엄마: 이번 휴가 때 어디에 가면 좋을까?

동생: 바다에 가요. 튜브 타고 수영도 하고 모래밭에서 모래놀이도 실컷 하고 싶어요. 지난 여름에 갔던 안면도 바닷가 진짜 재미있었어요. 갯벌에서 맛조개도 잡아서 구워 먹었잖아요.

아빠: 너희들도 이제 다 컸으니 캠핑을 한번 해 보는 건 어때? 텐트 치고 야외에서 자는 새로운 경험도 하고, 바비큐파티도 하면 신날 것 같지 않니? 숲 속에서 매미나 잠자리도 잡고 정말 재밌겠다.

나:

학급 회의
- 학급 도서 관리하기 -

회장: 교실에 있는 학급 도서가 너무 엉망으로 되어 있어서 이용하기도 불편하고 보기에도 좋지 않습니다. 우리 반 학생 모두가 이용하는 데 불편하지 않으려면 어떻게 하면 좋을까요?

미경: 저는 학급도서를 이용한 학생이 제자리에 갖다 놓으면 자연스럽게 정리가 될 것 같습니다. 자신이 본 책을 원래 자리에 갖다 놓으면 다른 사람이 따로 정리할 필요가 없습니다.

석균: 저는 번호순으로 두 명씩 일주일 동안 관리하는 것이 좋다고 생각합니다. 그래야 빠지는 사람 없이 공평하게 참여할 수 있기 때문입니다.

다정: 저는 1인 1역에 학급문고 정리하기를 포함하는 것이 좋다고 생각합니다. 왜냐하면 학급문고를 정리하는 것도 우리 학급 일 중 하나이기 때문입니다.

동철: 저는 지원자를 받아서 학급문고를 정리하는 것이 좋다고 생각합니다. 왜냐하면 책을 좋아하거나 정리하는 것을 좋아하는 학생이 학급문고를 정리한다면 학급문고를 정리하는 일이 즐거울 것 같기 때문입니다.

신나는
글읽기

월   일   요일   확인

 아래와 같은 방법으로 글마중을 읽어 보세요.

① 친구들끼리 역할을 나누어 실감나게 읽어 보세요.
② 누가, 어떤 의견을 냈는지 집중하여 읽어 보세요.
③ 누구의 의견이 더 좋은지 생각하며 읽어 보세요.

 학급 도서 도우미가 되어 책을 정리해 봅시다. 아래의 도서 목록에서 각 칸에 적힌 자음으로 시작하는 책을 찾아 적어 보세요.

ㄱ 거인의 정원	ㄴ	ㄷ
ㄹ	ㅁ	ㅂ

〈 학급 도서 목록 〉

아낌없이 주는 나무	강아지똥	내 친구 최영대
줄무늬가 생겼어요	짜장 짬뽕 탕수육	신기한 스쿨버스
거인의 정원	검정말 이야기	벼가 자란다
일기 감추는 날	이순신과 거북선	나비의 한살이
지구촌 세계여행	생명이 들려준 이야기	내 이름은 삐삐 롱스타킹
고래는 왜 바다로 갔을까		즐거운 역사체험 어린이 박물관

월   일   요일   확인

 글마중을 읽고 물음에 답하세요.

1. 학급 회의의 주제는 무엇인가요?

_____

2. 학생들이 저마다 어떤 의견을 말했는지 알맞게 연결해 보세요.

미경 •	• 번호순으로 두 명씩 일주일 동안 관리하자.
석균 •	• 자기가 이용한 도서는 스스로 정리하자.
다정 •	• 지원자를 받아서 관리하자.
동철 •	• 1인1역에 포함시켜 관리하자.

3. 학생들의 의견과 까닭을 알맞게 연결해 보세요.

석균 •	• 번호순으로 두 명씩 일주일 동안 관리하자. •	• 학급문고 정리도 우리반 일 중 하나이기 때문에
다정 •	• 지원자를 받아서 관리하자. •	• 빠지는 사람 없이 공평하게 참여할 수 있기 때문에
동철 •	• 자기가 이용한 도서는 스스로 정리하자. •	• 다른 사람이 따로 정리할 필요가 없기 때문에
미경 •	• 1인1역에 포함시켜 관리하자. •	• 정리하는 일이 즐거울 것 같기 때문에

4. 학생들의 의견과 까닭을 표로 정리해 보세요.

	의견	까닭
미경		
석균		
다정		
동철		

5. 누구 의견이 좋다고 생각하는지 내 의견과 까닭을 적어 보세요.

나는 _____이의 의견이 좋다고 생각합니다.

왜냐하면 _____

_____ 때문입니다.

〈예시〉와 같이 나의 의견을 써 보세요.

〈예시〉	**음식을 잘 소화시키기 위해서는 어떻게 해야 할까?**
	⇨ 음식을 꼭꼭 씹어 먹어<u>야 합니다</u>.
	⇨ 음식을 꼭꼭 씹어 먹어<u>야 한다고 생각합니다</u>.

1	친구들과 사이좋게 지내기 위해서는 어떻게 해야 할까?
	⇨

2	감기를 예방하려면 어떻게 해야 할까?
	⇨

3	지각을 안 하려면 어떻게 해야 할까?
	⇨

4	생활쓰레기를 줄이려면 어떻게 해야 할까?
	⇨

주제에 맞게 전기를 아껴 쓰는 방법에 대한 내 의견과 근거를 적어 보세요.

주제 : 전기를 아껴 쓰자

선생님

요즘 전기가 부족해서 온 나라가 에너지절약 운동을 벌이고 있습니다. 우리도 교실이나 학교, 집에서 전기를 아껴 쓰는 방법에 대해 이야기 나누어 보겠습니다.

주영

낮은 층은 계단을 이용합니다. 그리고 엘리베이터를 탈 때는 닫힘 버튼을 누르지 않아야 합니다. 엘리베이터 문이 저절로 닫히는 것만 기다려도 전기가 절약된다고 합니다.

서현

냉장고 문을 자주 열지 않습니다. 습관적으로 냉장고 문을 열고 닫는 경우가 많습니다. 냉장고 문을 열면 온도가 올라가서 다시 작동하게 되니까 전력이 낭비됩니다.

나

우리 몸을 건강하게 지키는 방법

글마중

　'모든 것을 다 얻어도 건강을 잃으면 아무 소용없다.'는 말이 있습니다. 몸을 건강하게 유지하려면 어떻게 해야 할까요?

　첫째, 음식을 골고루 먹어야 합니다.

　음식을 골고루 먹어야 몸이 튼튼해지고, 키도 쑥쑥 자라기 때문입니다. 그리고 다양한 영양소를 골고루 섭취하면 면역력이 증가하여 나쁜 병균이 우리 몸에 잘 들어오지 못하게 됩니다.

　둘째, 손을 깨끗이 씻어야 합니다.

　손에는 우리 눈에 보이지 않는 세균들이 많이 있습니다. 더러운 손으로 눈이나 입을 만지면 병균들이 우리 몸 안으로 들어와서 눈병이나 감기, 복통을 일으킬 수 있습니다.

　셋째, 규칙적으로 운동을 해야 합니다.

　운동을 열심히 하면 혈액순환이 잘 되어 건강해진다고 합니다. 운동을 열심히 해서 땀을 흘리면 우리 몸의 노폐물이 땀으로 배출되기 때문입니다.

아래와 같은 방법으로 글마중을 읽어 보세요.

① 다른 사람에게 의견을 말하듯이 씩씩하게 읽어 보세요.
② 글쓴이의 세 가지 의견이 무엇인지 생각하면서 글을 읽어 보세요.
③ 우리 몸을 건강하게 지키는 방법을 생각하며 글을 읽어 보세요.

 건강한 우리 몸을 만들기 위해 어떤 일을 해야 하는지 생각하여 빈칸을 채워 보세요.

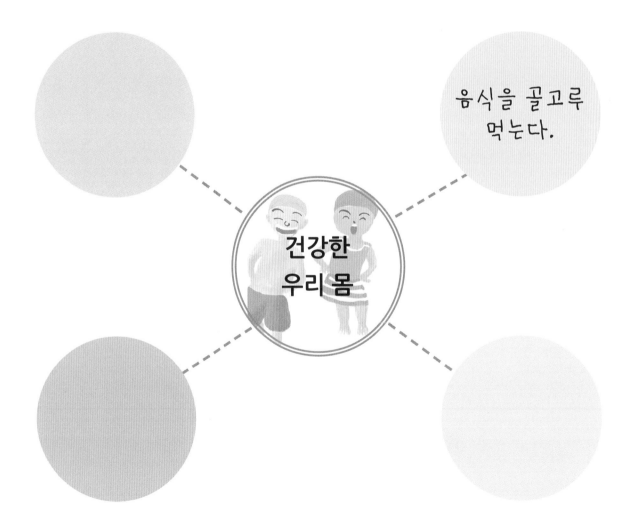

음식을 골고루 먹는다.

건강한 우리 몸

월   일   요일   확인

 글마중의 밑줄 친 낱말을 사전에서 찾아보고, 그 뜻을 아래 표에
적어 보세요.

유지	
영양소	
섭취	
면역력	
복통	
혈액순환	
노폐물	
배출	

 '까닭'에 대해 알아봅시다.

> 까닭은 의견을 뒷받침하는 사실이나 이유를 말합니다.
>
> **'왜냐하면 ~ 때문이다.'** 같은 표현으로 까닭을 나타냅니다.

 문장을 읽고 주장을 담은 의견과 까닭을 구분해 ○ 하세요.

저는 아이스크림을 많이 먹지 말아야 <u>한다고 생각합니다</u>.	의견 / 까닭
<u>왜냐하면</u> 아이스크림 속에는 우리 몸에 좋지 않은 첨가물이 많이 들어 있<u>기 때문입니다</u>.	의견 / 까닭
우리 모두 힘을 합해 교실 청소를 잘 <u>해야 합니다</u>.	의견 / 까닭
<u>왜냐하면</u> 교실이 더러우면 집중이 안 되고, 기분이 안 좋아지<u>기 때문입니다</u>.	의견 / 까닭
바른 자세로 앉아<u>야 합니다</u>.	의견 / 까닭
자세가 바르지 않으면 허리가 아플 수 있고, 공부도 잘 안 되<u>기 때문입니다</u>.	의견 / 까닭
줄임말을 쓰지 말아<u>야 합니다</u>.	의견 / 까닭
줄임말을 쓰면 어떤 뜻인지 이해가 안 되는 경우가 있<u>기 때문입니다</u>.	의견 / 까닭

글마중을 읽고 알맞은 답을 쓰세요.

1. 무엇에 대한 의견을 담은 글인가요?

_____

2. 주제에 대한 글쓴이의 의견은 모두 세 가지입니다. 글쓴이의 의견 세 가지를 찾아서 밑줄을 그어 보세요.

3. 글쓴이의 의견 세 가지를 써 보세요.

첫째, 음식을 골고루 먹어야 합니다.
둘째,
셋째,

4. 세 가지 의견에 대한 까닭을 구분하여 정리해 보세요.

의견 1. 음식을 골고루 먹어야 합니다.

까닭 : ① 몸이 튼튼해지고 키가 쑥쑥 자란다.

② _____ ,

나쁜 병균이 우리 몸에 잘 들어오지 못하기 때문입니다.

의견 2. 손을 깨끗이 씻어야 합니다.

까닭 : ① _____

② _____

의견 3. 규칙적으로 운동을 해야 합니다.

까닭 : ① _____

② _____

'친구와 사이좋게 지내는 방법'에 대한 학생들의 의견입니다. 의견을 뒷받침하는 까닭을 적어 보세요.

주제 : 친구와 사이좋게 지내는 방법

 미영

의견	저는 친구와 사이좋게 지내기 위해서는 <u>친구에게 바른 말을 사용해야 한다</u>고 생각합니다.
까닭	왜냐하면, _____ 때문입니다.

 하진

의견	저는 친구와 사이좋게 지내려면 <u>양보할 줄 알아야 한다</u>고 생각합니다.
까닭	왜냐하면, _____ 때문입니다.

'이어진 문장'에 대해 알아봅시다.

★ '-고', '-지만', '-어서' 등과 같은 말은 문장과 문장을 이어 한 문장으로 만들어 줍니다. 이런 문장을 '**이어진 문장**'이라고 합니다.

- 고	서로 비슷한 내용의 문장을 이어주는 역할
- 지만	서로 반대되는 내용의 문장을 이어주는 역할
- 어서	두 문장이 원인과 결과의 관계일 때 내용을 이어주는 역할

 〈예시〉와 같이 문장을 알맞게 이어주는 말에 ○ 하세요.

   〈예시〉

동생이 비를 맞으며 (놀았고, 놀았지만, 놀아서) 감기에 걸렸다.

진우는 고기는 (좋아하고, 좋아하지만, 좋아해서) 채소를 싫어한다.

엄마는 채소를 (뽑고, 뽑지만, 뽑아서) 아빠는 채소를 씻는다.

늦잠을 (잤고, 잤지만, 자서) 학교에 지각했다.

〈예시〉와 같이 알맞게 이어진 문장에 ○ 하세요.

| 〈예시〉 | 사막에서는 낮에는 무척 <u>덥지만</u> 밤에는 몹시 춥다. | ○ |
| | 사막에서는 낮에는 무척 <u>더워서</u> 밤에는 몹시 춥다. | |

| 1 | 밤이 <u>깊었지만</u> 우리 가족은 모두 잠이 들었다. | |
| | 밤이 <u>깊어서</u> 우리 가족은 모두 잠이 들었다. | |

| 2 | 쥐를 못 잡는다고 주인이 <u>때려서</u> 고양이는 도망쳐 나왔다. | |
| | 쥐를 못 잡는다고 주인이 <u>때리고</u> 고양이는 도망쳐 나왔다. | |

| 3 | 단팥빵은 <u>좋아해서</u> 크림빵은 좋아하지 않는다. | |
| | 단팥빵은 <u>좋아하지만</u> 크림빵은 좋아하지 않는다. | |

| 4 | 회전목마를 타려고 <u>했고</u> 차례를 기다리는 사람들이 많았다. | |
| | 회전목마를 타려고 <u>했지만</u> 차례를 기다리는 사람들이 많았다. | |

| 5 | 아버지께서 <u>선생님이지만</u> 제자들이 우리 집에 자주 찾아온다. | |
| | 아버지께서 <u>선생님이셔서</u> 제자들이 우리 집에 자주 찾아온다. | |

〈예시〉와 같이 알맞게 이어진 문장에 ○ 하세요.

| 〈예시〉 | 전자레인지에는 전자레인지용 그릇을 <u>사용하고</u> 금속용기는 사용하면 안돼요. | ○ |
| | 전자레인지에는 전자레인지용 그릇을 <u>사용해서</u> 금속용기는 사용하면 안돼요. | |

| 1 | 친구와 장난치다 복도에서 <u>넘어져서</u> 다리에 깁스를 했다. | |
| | 친구와 장난치다 복도에서 <u>넘어졌지만</u> 다리에 깁스를 했다. | |

| 2 | 용기 뚜껑을 표시 선까지 <u>개봉하지만</u> 분말 수프를 뜯어 면 위에 넣는다. | |
| | 용기 뚜껑을 표시 선까지 <u>개봉하고</u> 분말 수프를 뜯어 면 위에 넣는다. | |

| 3 | 친구 집에 가기로 <u>했지만</u> 갑자기 비가 와서 못 갔다. | |
| | 친구 집에 가기로 <u>했고</u> 갑자기 비가 와서 못 갔다. | |

| 4 | 유재석은 메뚜기와 비슷하게 <u>생겼고</u> 별명이 '메뚜기'이다. | |
| | 유재석은 메뚜기와 비슷하게 <u>생겨서</u> 별명이 '메뚜기'이다. | |

| 5 | 주말에도 박물관을 관람할 수 <u>있지만</u> 월요일은 휴관일이다. | |
| | 주말에도 박물관을 관람할 수 <u>있어서</u> 월요일은 휴관일이다. | |

우리말
약속

 이어주는 말 뒤에 어울리는 문장에 ○ 하세요.

| 다리에 금이 가서 | 팔에도 금이 갔다. | (   ) |
| | 석고붕대를 했다. | (   ) |

| 머리핀을 사려고 했지만 | 돈을 모았다. | (   ) |
| | 돈이 부족했다. | (   ) |

| 성준이는 키가 작지만 | 성격이 아주 좋다. | (   ) |
| | 발도 작다. | (   ) |

| 수민이는 축구도 잘 하고 | 게임도 싫어한다. | (   ) |
| | 게임도 잘 한다. | (   ) |

| 엄마가 좋아하셔서 | 내 마음도 뿌듯했다. | (   ) |
| | 내 마음은 슬펐다. | (   ) |

이어주는 말 뒤에 어울리는 문장을 〈보기〉에서 찾아 써 보세요.

〈예시〉
돌쇠는 신령님께 금도끼와 은도끼를 받아서 | 부자가 되었다.

두더지 가족은 산을 넘고

바람은 신이 나서 찬바람을

배가 고파서 밥을 먹었지만

설문대 할망은 다리를 놓았고,

밤에 모기장을 치고 잤지만

갑자기 바람이 불어서

〈보기〉

사람들은 새 옷을 만들었어요.   구름이 흩어졌어요.

강을 건넜어요.   배가 부르지 않았다.

쌩쌩 불었어요.   모기에 물렸다.

이어주는 말 뒤에 <예시>처럼 어울리는 문장을 써 보세요.

<예시>　라면이 얼큰하고 쫄깃쫄깃해서 <u>맛있게 먹었다.</u>

뒷산에는 운동하는 사람도 있고 _____

마당에 어린 나무를 심고 _____

할아버지께서 편찮으셔서 _____

선생님께서 만든 떡은 예뻤지만 _____

까치야 까치야, 낡은 이 가져가고 _____

돌쇠는 도끼를 연못에 빠뜨려서 _____

호랑이도 동아줄을 잡았지만 _____

글마중 초등학생의 스마트폰 사용

현우

저는 초등학생의 스마트폰 사용을 찬성합니다.

요즘 뉴스를 보면 초등학생 유괴와 같은 무서운 사건들이 많이 나옵니다. 나에게 위험한 일이 생겼을 때 스마트폰이 있어야 부모님이나 다른 사람에게 알릴 수 있습니다.

그러므로 초등학생일수록 스마트폰이 꼭 필요하다고 생각합니다.

은빈

저는 초등학생의 스마트폰 사용을 반대합니다.

요즘 학생들을 보면 때와 장소를 가리지 않고 통화를 하거나 문자를 주고받습니다. 가끔 수업 시간에도 벨이 울려 공부에 방해가 됩니다. 스마트폰의 작은 화면으로 문자를 주고받고 인터넷 게임을 하다보면 눈도 많이 나빠집니다.

그러므로 초등학생은 공부와 건강에 방해가 되는 스마트폰을 사용하지 않는 것이 좋다고 생각합니다.

월   일   요일   확인

 아래와 같은 방법으로 글마중을 읽어 보세요.

① 무엇에 대한 의견을 나누고 있는지 생각하며 글을 읽어 보세요.
② 찬성과 반대 의견을 구분하여 글을 읽어 보세요.
③ 한 명은 은빈, 한 명은 현우가 되어 글을 읽어 보세요.

 초등학생들은 휴대폰을 주로 어떻게 활용할까요? 나와 친구들의 생활을 되돌아보며 그림이나 글로 표현해 보세요.

글마중을 읽고 물음에 답하세요.

1. 무엇에 대해 찬성과 반대 의견을 내고 있나요?

_____

2. 찬성 의견을 낸 사람은 누구인가요?

_____

3. 반대 의견을 낸 사람은 누구인가요?

_____

4. 글마중에 나온 의견과 까닭을 알맞게 연결해 보세요.

초등학생의 스마트폰 사용을 찬성합니다. ●	● 공부시간에 전화벨이 울려 공부에 방해를 받는다.
	● 나에게 위험한 일이 생겼을 때 다른 사람에게 알릴 수 있다.
초등학생의 스마트폰 사용을 반대합니다. ●	● 작은 화면으로 문자를 주고 받거나 인터넷 게임을 하느라 눈이 나빠진다.

5. 초등학생의 스마트폰 사용에 대한 <u>내 의견</u>을 적어 보세요.

의견 : 저는 초등학생의 휴대폰 사용을 ⬚ 합니다.

까닭 : 왜냐하면,

때문입니다.

의견 : 그러므로 저는

한다고 생각합니다.

'찬성'과 '반대'에 대해 알아봅시다.

> **찬성**은 어떤 행동이나 의견이 옳거나 좋다고 생각되어 따르는 것입니다.

> **반대**는 어떤 행동이나 의견에 따르지 않고 전혀 다르게 생각하는 것입니다.

 아래의 의견에 대해 찬성과 반대하는 까닭을 읽어 보고, 둘 중에서 내 생각과 비슷한 것에 ○ 하세요.

의견 - 급식을 남기지 말아야 합니다.	
찬성 : 음식물 쓰레기가 쌓이면 환경이 오염됩니다.	
반대 : 급식을 억지로 먹으면 체할 수 있습니다.	

의견 - 모둠 상벌제를 실시해야 합니다.	
찬성 : 모둠 전체를 칭찬하거나 벌을 주면 모둠원끼리 협동해서 과제를 더 열심히 할 수 있습니다.	
반대 : 모둠 활동을 하다 보면 아무것도 안 하는 친구가 꼭 있습니다. 그런 친구들과 같은 상벌을 받는 것은 불공평합니다.	

의견 - 초등학생은 10시 전에 자야 합니다.	
찬성 : 10시부터 성장호르몬이 많이 나오므로 성장기인 초등학생은 10시 전에 자는 게 좋습니다.	
반대 : 숙제나 공부를 하다보면 시간을 넘길 때가 있습니다. 각자 사정에 따라 잠자는 시간은 달라질 수 있다고 생각합니다.	

'아파트에서 반려견 기르기'에 대한 찬성과 반대 의견입니다. 찬성과 반대 의견을 구분하고, 나의 의견을 적어 보세요.

태윤: 저는 아파트에서 반려견 기르는 것을 반대합니다. 개 짖는 소리 때문에 이웃에 피해를 줄 수 있기 때문입니다. 또한 개를 키우는 사람이 개의 배설물을 치우지 않아 지나가는 사람들을 불쾌하게 합니다.

민서: 저는 아파트에서 반려견 기르는 것을 찬성합니다. 반려견은 외로운 사람들에게 친구가 되어주는 아주 좋은 동물입니다. 주인이 훈련을 시킨다면 짖지 않고 잘 지낼 것입니다. 배설물은 주인이 치우도록 하면 됩니다.

1. 찬성과 반대 의견을 구분해 적어 보세요.

	찬성 의견	반대 의견
누구		
이유		

2. '아파트에서 반려견 키우기'에 대한 내 의견을 적어 보세요.

의견 : 저는 아파트에서 반려견을 기르는 것을 ⬚ 합니다.

까닭 : 왜냐하면,

때문입니다.

'초등학생 용돈'에 대한 찬성과 반대 의견입니다. 찬성과 반대 의견을 구분하고, 나의 의견을 적어 보세요.

> 재석: 저는 초등학생이 용돈 받는 것을 찬성합니다. 친구들과 어울리다 보면 가끔 군것질도 하고 게임을 할 때도 있습니다. 용돈이 없다면 친구들과 어울리기 쉽지 않을 것입니다.
>
> 지효: 저는 초등학생이 용돈 받는 것을 반대합니다. 초등학생이면 대부분 부모님께서 필요한 물건이나 간식을 사주십니다. 굳이 용돈이 없어도 생활하는 데 불편하지 않습니다. 오히려 용돈을 받으면 불량식품을 사먹거나 쓸데없는 곳에 돈을 쓸 것 같습니다.

1. 찬성과 반대 의견을 구분해 적어 보세요.

	찬성 의견	반대 의견
누구		
이유		

2. '초등학생 용돈'에 대한 내 의견을 적어 보세요.

의견 : 저는 초등학생이 용돈을 받는 것을 [   ] 합니다.

까닭 : 왜냐하면,

                                            때문입니다.

"가라앉는 우리나라를 구해주세요."

글마중

안녕? 나는 키리바시 공화국에 사는 링롱이야. 나이는 열 살이야. 요즘 나는 너무 슬퍼. 얼마 전 정든 고향을 떠나 가족들과 함께 다른 나라로 옮겨왔거든.

우리 가족이 힘들여 가꾼 경작지에는 바닷물이 차올랐고, 바닷물을 머금은 땅엔 씨조차 뿌릴 수 없었어. 소금기 가득한 지하수는 식수는 물론 농업용수로도 쓸 수 없었지. 결국 고향을 버리고 낯선 땅으로 떠날 수밖에 없었단다.

나는 우리나라를 이렇게 만든 선진국이 원망스러워. 산업이 발달한 나라에서 온실가스를 마구 내뿜는 바람에 이런 일이 벌어진 거잖아.

사실 해수면 상승은 단지 섬나라 주민들만의 문제는 아니야. 해수면이 지금보다 1m 올라가면 지구에 어떤 일이 일어나는지 아니? 해변의 도시와 섬 등이 가라앉아 세계 인구의 10%인 6억 명이 집을 잃게 된다고 해. 생각만 해도 끔찍하지?

이제부터라도 온실가스를 줄이기 위해 세계인이 힘을 모으면 좋겠어.

*출처 - 〈어린이동아〉, 2014. 7. 8. [뉴스 쏙 시사 쏙] 정민아 기자

아래와 같은 방법으로 글마중을 읽어 보세요.

① 글쓴이의 의견을 생각하며 글을 읽어 보세요.
② '지구온난화'의 문제점을 생각하며 글을 읽어 보세요.

 지도에서 '링롱'이 살고 있는 '키리바시 공화국'을 찾아보세요.

 '키리바시 공화국'의 국기를 보고 어떤 나라일지 상상하여 써 보세요.

 인터넷에서 '키리바시 공화국'을 검색해 보고 알게 된 사실을 적어 보세요.

월   일   요일   확인

 〈보기〉는 글마중의 밑줄 친 낱말입니다. 뜻을 읽고 알맞은 낱말을 〈보기〉에서 찾아 쓰고 문장을 완성해 보세요.

〈보기〉   경작지   농업용수   선진국   산업
         온실가스   해수면 상승   인구

	농사를 짓는 데 필요한 물
	사람의 수
	다른 나라보다 잘 살고 문화가 발전해 있는 나라
	지구의 공기를 오염시켜 지구를 온실처럼 따뜻하게 만드는 이산화탄소 같은 가스
	사람들의 생활을 풍요롭게 하기 위해서 곡식이나 가축을 키우거나 물건을 만들어 내는 일
	바닷물의 표면이 높아지는 것
	농사 짓는 땅

1. 미국, 프랑스, 독일 같은 나라를 [   ] 이라고 부른다.

2. [   ] 으로 바닷가의 낮은 곳은 물에 잠긴다.

3. 요즘 우리나라에서 아기를 낳지 않아서 점점 [   ] 가

   줄어들 것 같다.

 글마중을 읽고 알맞은 답을 고르거나 쓰세요.

1. 링롱의 편지에서 가장 중요한 문장을 찾아 밑줄을 긋고 써 보세요.

_____

_____

2. 링롱이 다른 나라로 이사를 한 까닭은 무엇인가요? ·········· (   )

　① 마을에 바닷물이 차올라서
　② 공부를 하기 위해서
　③ 할아버지, 할머니와 함께 살기 위해서
　④ 링롱이 살던 마을에 전쟁이 나서

3. 다음은 바닷물이 경작지(농사를 짓는 땅)에 차올랐을 때 일어나는 일입니다. 맞으면 ○, 틀리면 X 하세요.

소금기가 있는 지하수는 먹는 물로 쓸 수 없다.	
소금기가 있는 땅에는 농작물이 자라지 않는다.	
소금기가 있는 물로 농작물을 가꾸면 잘 자란다.	

4. 링롱이 선진국에 대해 원망스럽다고 한 이유는 무엇일까요?

_____

_____

5. 해수면이 지금보다 1m 올라가면 어떤 일이 벌어질까요?

_____

_____

'키리바시 공화국'처럼 지구온난화로 인해 해수면이 상승하여 가라 앉고 있는 나라나 섬을 조사하여 적어 보세요.

인터넷 검색창에 '가라앉는 나라', '가라앉는 섬'으로 검색하여 동영상을 찾아봅시다. 동영상을 본 후 내 생각이나 의견을 적어 보세요.

지구온난화를 막기 위해 내가 실천할 수 있는 일 세 가지를 찾아 써 보세요.

첫째,

둘째,

셋째,

 '링롱'에게 답장을 써 보세요.

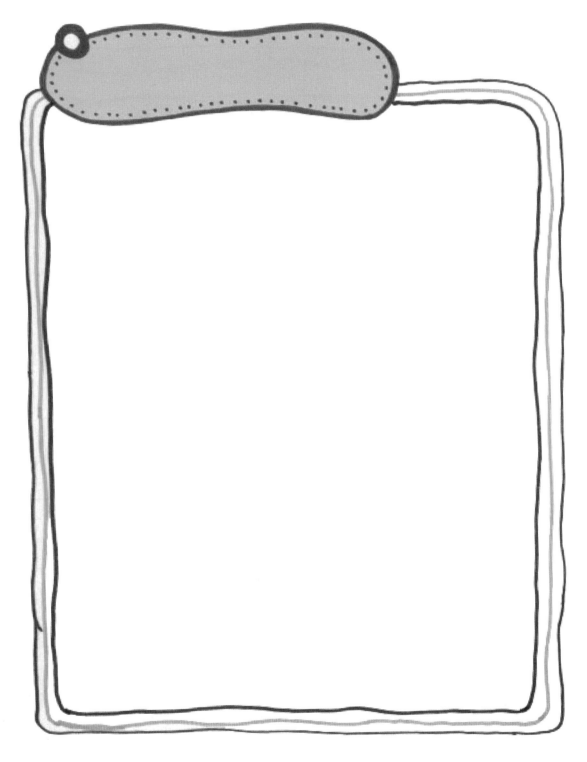

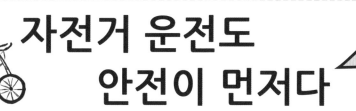

자전거 운전도 안전이 먼저다

글마중

　건강과 환경에 대한 관심이 높아지면서 자전거를 이용하는 사람의 수도 증가하고 있다. 얼마 전 뉴스에서 보았는데 전체 교통사고는 전반적으로 감소하는 추세인 반면 자전거 교통사고는 꾸준히 증가하고 있다고 한다. 이 중 상당수가 자전거 안전 수칙을 지키지 않아 일어난다고 한다.

　자동차를 탈 때 안전벨트를 매고, 오토바이를 탈 때 헬멧을 쓰는 것처럼 자전거를 탈 때에도 헬멧을 반드시 착용해야 한다. 자전거 사고 시 헬멧을 착용할 경우 사망률이 90%까지 감소한다는 해외 연구 사례만 봐도 헬멧 착용이 얼마나 중요한지 알 수 있다.

　자전거를 탈 때 귀에 헤드폰이나 이어폰을 꽂고 음악을 들으며 타지 말아야 한다. 음악을 들으면서 자전거를 타면 기분은 좋겠지만 차 소리, 사람들이 지나가는 소리 등을 들을 수 없어 위험하다.

　자전거의 앞과 뒤에 안전등을 달아야 한다. 안전등은 어두운 밤이나 흐린 날에 자동차 운전자나 보행자에게 자전거의 위치를 알려 주고 자전거 운전자의 시야를 넓혀주어 사고 예방에 도움을 준다.

　누구나 즐겁게 자전거를 타려면 안전을 우선으로 생각해야 한다. 좀 귀찮고 거추장스럽더라도 나와 다른 사람을 위해 최소한의 자전거 안전 수칙을 지켜야 한다.

아래와 같은 방법으로 글마중을 읽어 보세요.

① 글쓴이의 의견이 다른 사람에게 잘 전달되도록 큰 소리로 씩씩하게 읽어 보세요.
② 글의 구조를 생각하며 글을 읽어 보세요.
③ 자전거를 탔던 경험을 떠올리며 글을 읽어 보세요.

 자전거 셀프 점검 ABC를 알아봅시다.

자전거 셀프점검 A.B.C
Air, Brake, Chain

Chain 체인 상태 점검
체인을 눌렀을 때 10 - 20mm 정도 눌리면 적정
10-20mm

Brake 브레이크가 제대로 작동하는 지 점검
브레이크 레버를 잡았을 때 중간쯤에서 브레이크가 잡히면 적정

Air 타이어 공기압 점검
자전거에 앉았을 때 타이어와 지면의 마찰면이 7 - 10cm 적정
7-10cm

자료출처 | 서울시   JD VISUAL DIVE

 자전거를 타기 전에 점검해야 하는 세 곳을 써 보세요.

알맞은 낱말을 <보기>에서 찾아 문장을 완성하세요.

<보기> 증가   감소   추세   사망률
착용   시야   예방

1	아침과 낮의 기온차가 많이 나는 환절기에는 감기 환자가 ( )한다.
2	빵과 국수와 같은 밀가루 음식을 많이 먹어서 쌀의 소비량이 ( ) 하였다.
3	바다에서 수영을 할 때에는 안전을 위해서 구명조끼를 반드시 ( )해야 한다.
4	여름철에는 식중독을 ( )하기 위하여 물은 꼭 끓여서 먹어야 한다.
5	산 정상에 올라오니 ( )가 탁 트였다.
6	병은 치료보다 ( )이 중요하다.
7	결혼을 늦게 하는 것이 요즘 ( )이다.
8	깨끗한 물이 부족한 아프리카에서는 어린이 ( )이 높다.

글마중을 읽고 알맞은 답을 고르거나 쓰세요.

1. 이 글을 쓰게 된 이유는 무엇인가요?

_____

2. 이 글에서 글쓴이가 주장하는 것은 무엇인가요? ·················· (   )

   ① 자전거를 이용하는 사람의 수가 증가하고 있다.
   ② 자전거 교통사고는 꾸준히 증가하고 있다.
   ③ 자전거 앞과 뒤에 안전등을 달아야 한다.
   ④ 나와 다른 사람을 위해 자전거 안전 수칙을 지켜야 한다.

3. 글쓴이가 주장하는 '자전거를 안전하게 타는 법' 세 가지를 찾아서 써 보세요.

자전거를 안전하게 타는 법	첫째	
	둘째	자전거를 탈 때 귀에 헤드폰이나 이어폰을 꽂고 음악을 들으며 타지 않는다.
	셋째	

4. 자전거를 탈 때 헬멧(안전모)을 착용해야 하는 이유는 무엇인가요?

_____

5. 헤드폰이나 이어폰으로 음악을 들으면서 자전거를 타면 안 되는 이유는 무엇인가요?

_____

6. 어두운 밤이나 흐린 날 자동차 운전자나 보행자에게 자전거의 위치를 알려주어 사고 예방에 도움을 주는 것은 무엇인가요?

_____

7. 글마중을 서론, 본론, 결론 세 부분으로 나누고 표로 정리하였습니다. 빈칸에 알맞은 내용을 적고 글마중을 서론, 본론, 결론으로 나누어 묶으세요.

서론	자전거를 이용하는 사람의 수가 ( )하고 있다.
	자전거 사고가 ( ) 추세이다.
	자전거 ( )을 지키지 않아 일어나는 사고가 많다.
본론	첫째, 자전거를 탈 때에는 반드시 ( )을 착용하자.
	둘째, 자전거를 탈 때 귀에 헤드폰이나 이어폰을 꽂고 음악을 들으며 타지 않는다.
	셋째, 자전거의 앞과 뒤에 ( )을 단다.
결론	

8. 이 글에서 주장하는 것은 무엇인가요?

_____

주장과 주장을 뒷받침하는 문장을 넣어 주장글을 완성해 보세요.

 배려하는 마음으로 학교폭력을 예방하자.

　요즘 학교폭력과 관련된 신문기사나 뉴스를 자주 접하게 됩니다. 얼마 전에도 학교폭력 때문에 중학생이 크게 다친 사건이 있었습니다.

　큰 싸움도 작은 다툼에서 비롯되는 경우가 많습니다. 평소 친구들과 사이좋게 지낸다면 학교폭력을 예방할 수 있을 것입니다. 친구들과 사이좋게 지내려면 어떻게 해야 할까요?

　첫째, 친구를 놀리거나 별명을 부르지 않아야 합니다.

　둘째,

　셋째,

　이와 같이 학교생활에서 친구들의 마음을 먼저 헤아리고 배려하는 습관을 가진다면 우리 학교에서 학교폭력은 없을 것이라고 생각합니다.

뽐내기

 문제를 해결하기 위한 주장글을 써 보세요.

문제점	
주장	

※ 자료를 찾아 주장을 뒷받침하는 근거를 써 보세요.

근거	· · ·

 주장하는 글을 쓸 때

1. 주변에서 문제점을 찾는다.
   예) 음식물 쓰레기가 너무 많아 냄새가 나고 환경오염이 심하다.
2. 나의 주장을 정한다.
3. 주장에 따른 근거를 찾는다.
4. 뒷받침할 자료를 조사한다.

 근거 찾기

1. 주장에 맞는 자신의 생각을 정리한다.
2. 자신의 생각을 뒷받침할 자료를 인터넷이나 책, 신문을 통해서 찾아본다.
3. 자신의 경험 중 참고할만한 예를 찾아본다.
4. 속담이나 격언을 예로 들어 설명한다.

 주장을 담은 글을 써 보세요.

제목 :

※ 주장글의 개요를 작성해 보세요.

서론 (문제점과 주장)	
본론 (주장과 근거)	
결론 (정리)	

 앞에서 작성한 개요를 참고하여 주장글을 써 보고 선생님과 친구들 앞에서 발표해 보세요.

제목 :

〈예시〉와 같이 두 문장을 한 문장으로 만들어 보세요.

〈예시〉	야구선수가 되려고 열심히 <u>노력했다</u>. <u>하지만</u> 실패하고 말았다.
	⇨ 야구선수가 되려고 열심히 <u>노력했지만</u> 실패하고 말았다.

1. 할머니는 할아버지를 <u>잡아당겼다</u>. <u>그리고</u> 손녀는 할머니를 잡아당겼다.

⇨ 할머니는 할아버지를 _____ 손녀는 할머니를 잡아당겼다.

2. 놀이동산에 간다는 생각에 <u>신이 났다</u>. <u>그래서</u> 아빠의 손을 잡고 뛰어갔다.

⇨ 놀이동산에 간다는 생각에 신이 _____ 아빠의 손을 잡고 뛰어갔다.

3. 주변에 사람들이 많이 <u>있었다</u>. <u>하지만</u> 아무도 할머니를 도와 드리지 않았다.

⇨ 주변에 사람들이 많이 _____ 아무도 할머니를 도와 드리지 않았다.

4. 여름에는 수영을 할 수 <u>있어서 좋다</u>. <u>하지만</u> 햇볕은 너무 따가워서 싫다.

⇨ 여름에는 수영을 할 수 있어서 _____ 햇볕은 너무 따가워서 싫다.

5. 티라노사우르스는 매우 <u>사납다</u>. <u>그래서</u> 날카로운 이빨로 다른 공룡을 공격한다.

⇨ 티라노사우르스는 매우 _____ 날카로운 이빨로 다른 공룡을 공격한다.

〈예시〉와 같이 두 문장을 한 문장으로 만들어 보세요.

〈예시〉	트리케라톱스는 얼굴에 뿔이 있다. 그래서 육식공룡의 공격을 막았다. ⇨ 트리케라톱스는 얼굴에 뿔이 있어서 육식공룡의 공격을 막았다.

---

1. 옷가게에서 청바지를 샀다. 하지만 바지 길이가 너무 짧았다.

⇨ 가게에서 청바지를 _____ 바지 길이가 너무 짧았다.

---

2. 나는 잠을 자려고 했다. 하지만 눈만 말똥말똥해지고 잠이 오지 않았다.

⇨ 나는 잠을 자려고 _____ 눈만 말똥말똥해지고 잠이 오지 않았다.

---

3. 농부아저씨는 밭에 물을 주었다. 그리고 거름도 주었다.

⇨ 농부아저씨는 밭에 물을 _____ 거름도 주었다.

---

4. 필통에 연필이 많이 있다. 하지만 연필심이 모두 부러졌다.

⇨ 필통에 연필이 많이 _____ 연필심이 모두 부러졌다.

---

5. 동생은 아이스크림을 좋아한다. 그래서 아이스크림 한 통을 혼자 다 먹었다.

⇨ 동생은 아이스크림을 _____ 아이스크림 한 통을 혼자 다 먹었다.

월   일   요일   확인

 〈예시〉와 같이 한 문장을 두 문장으로 만들어 보세요.

〈예시〉	해바라기는 해를 바라보고 <u>피어서</u> 이름이 해바라기이다. ⇨ 해바라기는 해를 바라보고 <u>핀다</u>. <u>그래서</u> 이름이 해바라기이다.

1. 에코포트에 흙을 넣고 물을 부어준다.

   ⇨ 에코포트에 흙을 _____. _____ 물을 부어준다.

2. 할아버지가 순무를 <u>당겼지만</u> 순무는 뽑히지 않았다.

   ⇨ 할아버지가 순무를 _____. _____ 순무는 뽑히지 않았다.

3. 지수는 전교 회장 선거에 <u>나가서</u> 전교 회장으로 당선됐다.

   ⇨ 지수는 전교 회장 선거에 _____. _____ 전교 회장으로 당선됐다.

4. 풍선을 불었<u>지만</u> 너무 크게 불어서 터져 버렸다.

   ⇨ 풍선을 _____. _____ 너무 크게 불어서 터져 버렸다.

5. 나비와 나방은 날개가 <u>있고</u> 날아다니는 모습이 비슷하다.

   ⇨ 나비와 나방은 날개가 _____. _____ 날아다니는 모습이 비슷하다.

월   일   요일   확인

 〈예시〉와 같이 한 문장을 두 문장으로 만들어 보세요.

〈예시〉	나비는 낮에 활동하지만 나방은 밤에 날아다닌다. ⇨ 나비는 낮에 활동한다. 하지만 나방은 밤에 날아다닙니다.

1. 사춘기에는 키가 많이 크고, 얼굴형태도 바뀐다.

   ⇨ 사춘기에는 키가 많이 _____. _____ 얼굴형태도 바뀐다.

2. 벌레잡이 식물은 습지식물이어서 물에 담가두기만 하면 된다.

   ⇨ 벌레잡이 식물은 _____. _____ 물에 담가두기만 하면 된다.

3. 애벌레는 배가 고파서 나뭇잎을 먹었지만 배가 부르지 않았다.

   ⇨ 애벌레는 배가 고파서 나뭇잎을 _____. _____ 배가 부르지 않았다.

4. 해바라기 씨는 그냥 먹기도 하고 식용유로 만들기도 한다.

   ⇨ 해바라기 씨는 그냥 먹기도 _____. _____ 식용유로 만들기도 한다.

5. 어머니가 호랑이에게 떡을 주었지만 호랑이는 어머니를 잡아먹었다.

   ⇨ 어머니가 호랑이에게 떡을 _____. _____ 호랑이는 어머니를 잡아먹었다.

내용에 어울리는 이음말을 〈보기〉에서 골라 쓰세요.

〈보기〉   그리고   그래서   그러나   그런데

옛날 옛날, 윗마을에 노래를 잘 부르고 마음씨도 좋은 할아버지가 살았대. 할아버지 왼쪽 볼에는 조롱박처럼 커다란 혹이 달려 있었어. 사람들은 노래를 잘 부르는 이 할아버지를 '노래 혹부리'라고 불렀어.

_____ 아랫마을에도 오른 볼에 참외만한 혹을 달고 있는 할아버지가 살고 있었어. 사람들은 그 할아버지를 '심술 혹부리'라고 불렀어.

도라지네 집은 가난했다. 아픈 어머니의 약값으로 빌린 돈이 많았기 때문이었다. 아버지와 도라지는 빚을 갚기 위해 열심히 일했다.
_____ 약속한 날짜가 되도록 빌린 돈을 모두 갚지 못했다.

러시아에서는 사람을 보내 우주를 탐사할 계획을 세웠다. 하지만, 우주에 어떤 위험이 있을지 몰라 겁이 났다. _____ 과학자들은 사람 대신 실험용 동물을 보내기로 하였다. 바로 강아지 라이카였다. 그래서 라이카는 지구에서 최초로 우주에 가게 되었다.

두더지 가족은 걷고 또 걷다가 해님을 만났어요. 해님은 쨍쨍 세상을 비추고 있었어요. 두더지 가족은 해님이 세상에서 제일 힘이 세다고 생각했어요. _____ 갑자기 구름이 해를 가렸어요. 두더지 가족은 구름이 해님보다 더 힘이 세다고 생각했어요.

 내용에 어울리는 이음말을 〈보기〉에서 골라 쓰세요.

〈보기〉　　　그리고　　　그래서　　　그러나　　　그런데

　　아주 먼 옛날, 어느 산골 배나무 과수원집에 새로 며느리가 들어왔어. 며느리는 얼굴이 동글동글 복스러운데다 부지런해서 온 동네 사람들이 입에 침이 마르도록 칭찬을 했지. ＿＿＿＿＿＿＿ 한 달이 지나고 두 달이 지나면서 며느리 얼굴이 점점 누렇게 뜨더니 아주 메줏덩이가 되었어.

　　저는 초등학생의 스마트폰 사용을 찬성합니다.
　　요즘 뉴스를 보면 초등학생 유괴와 같은 무서운 사건들이 많이 나옵니다. 이처럼 나에게 위험한 일이 생겼을 때 스마트폰이 있어야 부모님이나 다른 사람에게 알릴 수 있습니다. ＿＿＿＿＿＿＿ 초등학생일수록 스마트폰이 꼭 필요하다고 생각합니다.

　　보성 벌교 갯벌은 꼬막이 건강하게 자라기 좋은 진흙 펄이기 때문에 전국 꼬막 생산량의 70%가량을 차지하고 있다. ＿＿＿＿＿＿＿ 최근 몇 년간 벌교 꼬막 생산량이 대폭 줄었다. 어민들과 상인들이 다 자란 꼬막뿐 아니라 새끼 꼬막까지 무분별하게 채취했기 때문이다.

　　왕가리 마타이는 여성이 교육 받기 힘든 아프리카 케냐에서 태어났지만, 교육에 관심이 많은 부모 덕분에 학교에 다닐 수 있었다. ＿＿＿＿＿＿＿ 미국으로 유학을 가서 생물학을 공부하고 과학자가 되었다.

책을 마친
소감을
써 보세요

★ [만들기자료] 26쪽에 활용하세요.

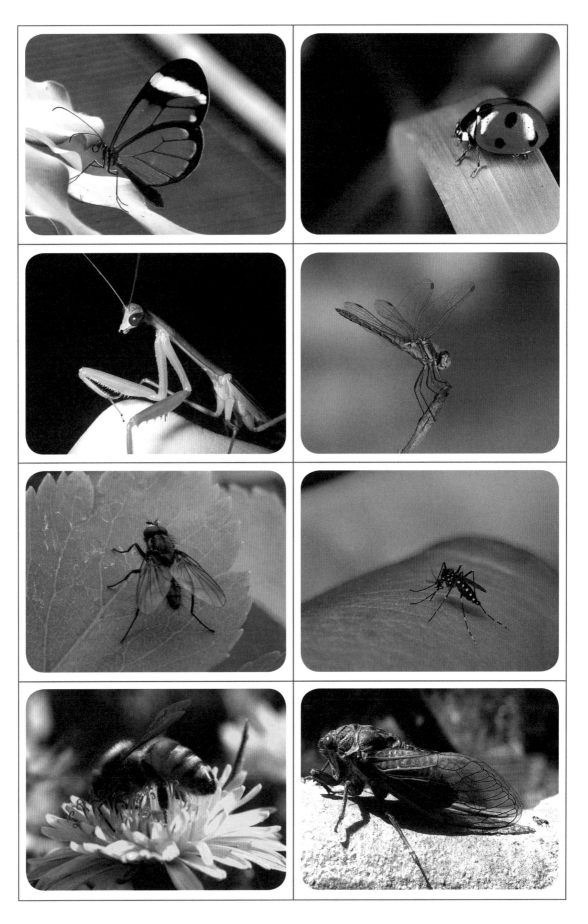

★ [만들기자료] 35쪽에 활용하세요.